ままならぬ浮世も
楽しい此の身かな

勘[illegible]

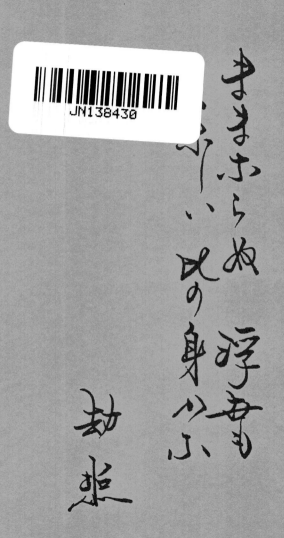

慈光はるか

丹山 劫照

真佛勇子タレ

0107

〇九ウ　マヤ
イワイ　七五　オオサカ　四二一〇〇　コ一・四〇
キヨウトサガ」
カツラガワソヌシマキタウラチヨウ二九」
ニシヤマベツインナイ」
タンザンコウシヨウサマ

嵯峨
50.10.15
電報電話局

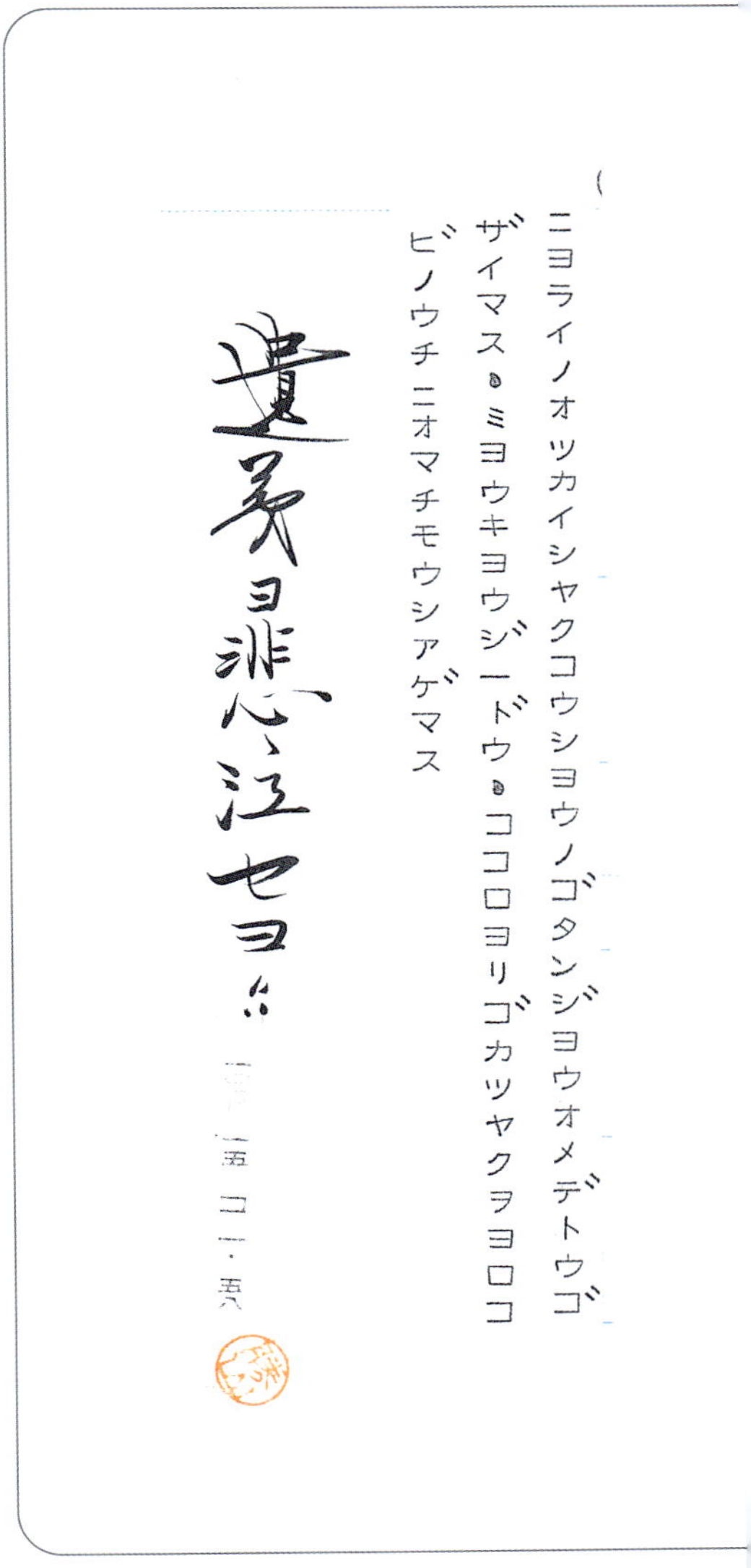

ニヨライノオツカイシヤクコウシヨウノゴタンジヨウオメデトウゴ
ザイマス。ミヨウキヨウジ―ドウ。ココロヨリゴカツヤクヲヨロコ
ビノウチニオマチモウシアゲマス

遺[illegible]ヨ悲心ニ泣セヨ

右の電文は丹山劫照さんが得度したとき、大阪・東淀川の明教寺住職・新庄曠堅師より宿舎・西山別院へ発信されたものである。釋劫照師は終生、この電報を座右にしていた。筆による書き込みは、受け取ったそのときの感懐を記し留められたものであろう。

得度―西山別院にて

大阪市・明教寺のころ（境内にて）

東広島市・長松寺にて

聞法道場　蓮敬寺

三木照国先生の講話を拝聴して

の私の所見　五四、十、三十日

津村別院での信徒研修会"信心"の問題について、語られものをテープで聴かせていただいて、先生の説すことにありがたく聞いたのであります。

で、最近、信心というものを大いに語られて居りますが、多くの信徒の質問のなかで、私が一番に懸念致しますことは、質問の内容はさて、私自身の問題となっていないところに、あると思ひます。私、数年に真宗十派の僧侶研修会に参り、話させて戴いたことがありますが、その時に、ある住職が貴方は又、他宗の方に変るのではないか、創価から真宗に帰って来たように、又変るのではないか――との質問を受けたのでありますが、まさしく、如来の本願といふものを、あまりにも軽ろしくみたというか、情けない気がしたことがあります。手ですることを足でする。足でする感覚が、もう手でする感覚で譯っている

この手書き原稿は、ノート「参考　その一」に記されたもの。

門徒さんたちと　島根県邑智郡・長玄寺にて

坊守さん・縁《ゆかり》さんと　フェリーで小豆島へ

五濁増《ごじょくぞう》のしるしには
この世の道俗《どうぞく》ことごとく
外儀《げぎ》は仏教のすがたにて
内心外道《げどう》を帰敬《ききょう》せり

（親鸞『正像末和讃』）

再会を楽しむ

信楽峻麿

私はほんとに大切な友を失った。あまりにも早すぎた死だった。私が冨金原さんとの縁を結んだのは、彼が真宗僧侶になられてまもなくの頃だったろうか。私の大学の講義を熱心に聴講いただいた。そして時には、電話でも質問をうけ、長々と講義をした。柔かな和紙が水を吸いとるように、実に素直に親鸞の教えを受けとめられた。

その学習の期間は短かったが、私は彼に、真宗のいちばん大切なことを伝ええたように思う。それはまた、私が彼から、真宗のいちばん大切なことを、荷物として背負わされたということでもあった。本堂が修復され、彼が蓮教寺の副住職に就任された時、その記念法要には随喜して参上した。その後の彼の真宗僧侶としての活躍は、まことにめざましいものがあった。彼が動くところには必ず火がついた。そして燃えた。私はいつも多くのことを教えられたものである。

彼が病気ということを聞いて、早速御見舞状をおくった。すぐにその返礼の手紙が届いた。その手紙は、いまも私の手元にある。その手紙には「残された命に全力投球を致す覚悟です」「私の組内《そない》でも、先輩方が次々と癌に倒れ先立たれました。先立たれた先輩とも心いくまで語り相い、いづれお浄土での再会を約束したことでありますタ」「良き先輩の死にざまに立会い、私も死との対決には何の不安もありません。浄土真宗のみ教えに会えたことが、何と素晴らしいことかと喜んでおります」と書かれてあった。そして自分自身の葬儀の方法についての、まことにユニークな願い、そしてまた残される三人のお子さまのことについて、父親としての情愛こもる思いも綴られていた。そして最後に「蓮敬寺の門徒さんはみな立派な人ばかり、お育てをいただきました。自慢できる門徒さんばかりで、何の心配もありません」と結んであった。私は一読し、再読して、お念仏を生きる者の、死に対応する見事な姿勢を教えられた思いがしたことである。いまはただ、遠からずして蓮台上での再会を楽しみつつ、お念仏をもうすことである。

このたび、身近な法友の皆さんの懇情によって、氏の遺稿集が出版される由、私もまた、氏との浅からぬ法縁をしのびつつ、つたない一筆を献じたいと思う。

（元　龍谷大学　学長）

目次

第五部　追　悼

第一部　本願の証《あか》し

——創価学会から浄土真宗へ——

目次

序

私たちは多くの人びとと出会い、時には親しく交際し、またさりげなく別れ、時には書物を通して、深い思想的影響をも受けることであります。

しかし、ある一つの出会いが、両者の等価値的認識において結合される人格の同体的意識の永続関係をもたらし、人生の基本的価値観の一致を決定づけることがあります。

丹山氏と私とは、そんな出会いでありました。

一味の安心《あんじん》とか、同信の行者とか申します。しかし、御同朋《おんどうぼう》の法義に対する姿勢は、必ずしも一様とは申せません。浄土真宗の寺や家庭に生まれて、念仏の声を聞きながら、菩提心《ぼだいしん》もなければ、真実に領解《りょうげ》もせず、蓮如上人をして「一は無道心、一は無興《ぶこう》隆《りゅう》ともおぼえ候」「誠にたからの山にいりて手をむなしくしてかえりたらんにひとしかるべく候」と歎かせ申した私たちでありました。

丹山氏はその宝の真価を自覚されました。それは、身口意《しんくい》三業《さんごう》の実践を通して、鋭く真偽《しんぎ》を峻別《しゅんべつ》された体験の蓄積が大きなエネルギーとなって、個性ゆたかな光彩を放ちながら活動されています。私は寝食を共にしながら、絶えず刺激と策励《さくれい》を受けて、巷間《こうかん》の一隅《いちぐう》に祖意をたずねて歩んでいます。

丹山氏の人生は、小説やドラマの素材として作家が食指《しょくし》を動かすような体験に満ちています。私はそこに、浄土真宗的人間像が形成されていく典型的過程を見る思いがいたします。

縁あってこの書をお読みくださる方がたが、私同様に多くのことを学びとってくださることを願いつつ、本書が出版されることに、喜びと感謝を捧げずにはおられません。

大阪市東淀川区下新庄町三丁目一七二

明教寺住職

新　庄　曠　堅

はじめに

私は、ご本山から発行されております「本願寺新報」の編集部のおすすめによって、私自身の人生遍歴《へんれき》のなかから、阿弥陀如来さまの「ご本願」にあわせていただいた足跡をふりかえってみようと思います。

「本願寺新報」では、月三回発行されております毎号に「人・その人生」という題で記事が連載されております。これは、記者の方《かた》がいろいろな信者を訪ねられ、その方《かた》の聞法の姿や歴史を聞きだして描写されているもので、ユニークな記事として評判になっており、一般寺院でも仏壮や仏婦・仏青の例会などでの話し合いの教材としてよく利用されているということであります。

今年の二月、私はこの記事の取材に記者の方の訪問を受け、「本願寺新報」に書いていただいたのでありますが、その後、もう少し長くして小冊子のようにまとめたいという依頼があったわけであります。

一人の人間の生きざまを、自分が告白しようとすることは、正直にいって気のすすまないことでもあり、まして文を綴《つづ》ることになれていないことが心配でありました。次には「聞法」ということは、かけがえのない私一人の問題であって、私の人生のなかでの、人にあい、法にあい、疑い、感動するというまったく個人の問題であるということが、はたして小冊子にまとめて、改めて多くの方に読んでいただく価値があるかどうかということが心に残りました。

しかし「本願寺新報」に私のことを書いていただいたことによって、編集部のほうにいくつか問い合わせがあったということですし、先日は婦人青少年部主催の会合に、体験を話すように依頼を受け、どうしたものかと編集部の方に相談したのでありますが、「ぜひ協力してあげてください」という言葉に勇気づけられて、出席させていただいたことでありました。

それやこれやを考えましたうえで、聖人がおっしゃる「遠慶宿縁《とおくしゆくえんをよろこべ》」のお言葉にうなずき、「遇《あ》い難くして今遇《あ》うことを得たり」という思いは、たとえ私個人の実感であったとしても、新報の「人・その人生」が好評を受け、各地で開かれる「門信徒の集い」では、体験発表が多く取り入れられていることを聞きますとき、私の体験が何かの助縁となればと、おすすめにしたがってペンを執《と》りました。

私は、私の人生と体験が、まさに「本願の証《あか》し」であると感佩《かんぱい》し、その書きます中心を、副題にありますように――創価学会から浄土真宗へ――の体験といたしました。

それ以前の私は、親の願いをふり切って陸軍飛行隊を志願し、特攻隊に配属、敗戦直前、父親の死にあいたさに脱走し、陸軍刑務所へ。戦後は暴力団で幅をきかし、ふと自分を見まわしたときのむなしさから、宗教を求めて創価学会へ入信。本願寺の布教使と対決のために門徒会館へ単身乗りこむという、まさに如来さまに背を向けた荒涼《こうりょう》とした人生を歩んでいました。

しかし、本願寺を訪れたその日の出会いを境として、「この道ひとすじに」と発心《ほっしん》するまでのお育てにあずかり、私は自身の不徳を慚愧《ざんぎ》するにたえないほど、苦《にが》い体験ではありましたが、私の器量及ばず、離婚によって新しい人生の門出《かどで》に立たざるを得なくなりました。

かくして昨年、かねてより念願の得度《とくど》を受け、その本分を全《まっと》うすべく励んでいる、これは群萠《ぐんもう》のような人間の記録であります。

昭和四十四年六月五日

私にとって生涯忘れることのできない日、昭和四十四年六月五日でありました。

当時、私は日蓮正宗創価学会員であり、関西第四堺本部向陽総支部錦支部河内地区八尾班に所属しておりました。

『法華経』は第一の経典――「我れ仏道をもって、無量の土において始めより今に至るまで、広く諸経を説く。しかもそのなかにおいても、この経第一なり」でありました。創価学会員は常に、日蓮上人の御書《ごしょ》にあります「法華経の敵をみて攻めずんば、師壇《しだん》と共に無間地獄《むけんじごく》に堕すべし」の教え、大石寺の開山とされている日興《にっこう》上人の遺誡《ゆいかい》置文《おきぶみ》の「謗法《ほうぼう》を呵責《かしやく》せずして、遊戯《ゆげ》雑談の化儀《けぎ》、並に外書《げしょ》歌道を好む可《べ》からざる事」

を叩き込まれておりました。

会員どうしの熱心な学習と、実践行としての折伏《しゃくぶく》は『法華経』の行者としての誇りと、これをなすことが私たちに課せられた仏勅《ぶっちょく》であると信じておりました。大阪での折伏大行進のときなど、お寺が並んでいる通りに一列にならび、お前はここ、お前はあそこの寺と指示を受けて乗り込んでいき、問答《もんどう》を申し込みに玄関に立つことは、毎日のようでありました。一般家庭も同じことで、なかには玄関の戸をピシャリとしめられたり、水をぶっかけられたり、物を投げられたりしたこともありましたが、日蓮上人のみ教えは絶対に敗けることがないという自負《じふ》の念を強くするだけで、そのようなことは使命感に燃えている私たちにとって、かえって闘志を増すだけであって、少しの痛痒《つうよう》も感じませんでした。

ちょうどそのころ、永田文昌堂という京都の仏教書出版社から、本願寺派山陰教区の布教使であった嘉戸大恵という人の『創価学会は仏教に非ず』という本が出版されていました。

早速これを読みましたが、日蓮上人が釈尊の経典を論拠《ろんきょ》とされ、浄土の三部経は方《ほう》等部《どうぶ》であり、四十余年の説で権仮方便《ごんけほうべん》の教えである。後八年の『法華経』こそ実教であり、釈尊の出世本懐《しゅっせほんがい》であることは、『無量義経』に〝四十余年未顕《みけん》真実〟と、また方便品《ほうべんぼん》に〝正直に方便を捨てて、但《ただ》無上道を説く〟とされていましたので、どうしても承知なりませんでした。

大阪市内での折伏大行進のときなど、私たちが乗り込んで行く寺院で、とくに真宗の住職は、問答《もんどう》に初めから逃げ腰であったことをおぼえていましたから、その元凶《げんきょう》を叩きつぶしてやろうと、私が西本願寺に折伏に出かけようとしたのも、日蓮正宗の信者である以上は当然のことでありました。

嘉戸大恵氏と真剣に対決する覚悟で、ぜひお会いしたい旨《むね》、あらかじめ連絡をしておきました。

昭和四十四年五月二十三日付、私にあてた嘉戸氏の手紙——。

新緑初夏という感じが身近に覚えられるようであり、時には汗ばむような日さえあります。

季節の変わりという自然の姿は尊いものです。お変わりもなくご精勤《せいきん》の御事《おんこと》とお察し申します。お会いできるときも近づいてまいりました。つきましては六月四日、五日、京都にまいりますについて、三日の夜行の汽車で四日朝、五時には京都着です。四日、五日の会合も、五日には午後四時ごろには終わるかと思います。それで一番ゆっくりできる時間は、五日の晩がよいですが、宿舎は本願寺門徒会館です。本願寺の東、堀川に沿うて左にまがればすぐそこです。

折角《せっかく》お目にかかるとすれば、面会したというだけでは意味がないと思いますので、ゆっくり語り合いたいと思います。それも私の都合ばかり申しあげても、ご迷惑かと存じます。あなたのご都合如何《いかが》かと存じますが、五日午後四時ごろにでもお出でいただいて、夕食でも共にして話そうではありませんか。その夜はお泊りになっても、お帰りになっても、それはあなたのお仕事の都合もあるかと存じますので、ご自由になさってくださるとして如何《いかが》でありましょうか。不思議なご縁にてお目にかかるということでも、私には千歳《せんざい》の知己《ちき》にあう喜びであります。

という返事でありました。

いよいよ西本願寺に乗り込む前日の六月四日、私はブロックの支部長であり教学部教授だった人に、その旨《むね》を連絡し打ち合わせをしました。ところが「ともかく、自分の宅に一度連れて来い。そのとき私も同席するが、私が創価学会員であることを伏せておいてもらいたい。そこで君と嘉戸大恵氏との会話のなかで、少しでも盲点《もうてん》があれば、そこを一挙に突く」という幹部の話でありました。

〝仏法は勝負である〟と、学会ではよく聞かされていましたが、この場合、当然、幹部が陣頭に立って西本願寺に行くものと予想していたのです。しかし結局は、単身で行くことにし、私は日蓮上人御書全集と念珠を持って、門徒会館に行ったのでありました。

よし！これならいける

私は門徒会館の玄関に立ちました。当時の私の心境は『涅槃経《ねはんぎょう》』に「若《も》し善比丘《ぜんびく》あって法を壊《やぶ》る者を見て置いて呵責《かしゃく》し駈遣《くけん》し挙処せずんば当《まさ》に知るべし、是《こ》の人は仏法の中の怨なり」とあり、破折《はしゃく》するのは仏教徒としての勤めであり、日蓮信奉者《しんぼうしゃ》として「日蓮が弟子といって『法華経』を修行せん人は日蓮が如くにし候え、さだにも候わば、釈迦多宝、十方の分身十羅刹《らせつ》も御寄り候わぬ」の絶対の確信を持っており、自信と誇りをもっておりましたから、正々堂々と胸を張って会場に出かけました。

門徒会館の受付で

「島根県の嘉戸大恵さんにお会いしたい。私は日蓮正宗創価学会の丹山です」

と告げました。その日は門徒会館は混雑しており、受付の人はスピーカーで、嘉戸氏に私が訪ねて来たことを知らせてくれました。少したって、二階から嘉戸氏が降りて来られたが、それが氏との初対面でありました。

いかにも小柄《こがら》な身体で実に弱々しく、七十幾歳《いくさい》かの老人で、それに創価学会の座談会での幹部のような気魄《きはく》がない。今ひとつは、反対に創価学会へ何か言って来る人があれば、サッと私のような年代の者が相手を取りかこみ威圧するのですが、玄関に立っていても、そのような気配もなく、興奮気味の私は、心の中でこの人を責めることが、気の毒にさえ思えたほどでした。

「よし！これならいける」

正直いって、そのように直感しました。大喝一声《だいかついっせい》、度肝《どぎも》を抜いてやれ！と、軽い気持になり、二階に案内され、初対面の挨拶《あいさつ》をしました。

私は今までに何回となく折伏《しゃくぶく》をやってきましたが、一人を折伏するについては、幾人かのグループを組んで、相手を囲んで話すことが多かった。そこで、二階の問答の場所に案内されたら、西本願寺の僧侶に囲まれるであろうと覚悟していましたが、意外にも、部屋でも嘉戸氏一人であったので、不思議に思ったぐらいでした。

早速、本題に入り、氏と問答をはじめました。

午後四時から翌日まで、私は主に、次のような質問をしました。

第一の問い――浄土真宗の法名には、釈〇〇とある。さすれば釈の一字を戴《いただ》くことは、釈子即ち釈尊の弟子ということであろう。教義的解釈はどうであろうとも、仏祖大聖《だいしょう》釈尊を安置せず、七祖を祀《まつ》るということが理解できぬ。

第二の問いは、本願寺から下付《かふ》せられる本尊《ほんぞん》には方便法身《ほっしん》と記されてあるが、五重相対からみれば権実《ごんじつ》の権の方便を指し、『法華経』は実であるから、私たちの宗旨が勝《すぐ》れているが、いかが。

第三の問い――親鸞聖人は紙衣《かみこ》の粗衣九十年と聞いている。これは仏法の少欲知足を如実《にょじつ》に実践された方《かた》と思う。にもかかわらず、その流れを汲む浄土真宗僧侶が着る七条袈裟の豪華さは、宗祖の意に反するのではないか。

第四の問いは、平等施一切は仏祖の眼目《がんもく》であり、如来の前には貴賤《きせん》を問わず平等である。それを実践するのが僧侶の本分であるのに、院号の下付《かふ》、色衣《しきえ》による僧侶の席次を定めるというのは、いかなる理由か。

第五の問いは、創価学会では、本尊以外、他神仏はいっさい祀《まつ》ってない。門徒の家には仏あり神ありの雑乱勧請《ぞうらんかんじょう》の家がある。こんなことだから、念仏系の信者から創価学会に入信する人が多いと思うが……。

等々の質問でした。

部屋は、現在の門徒会館が改築される前の会館でしたが、二階の洗面所前のところでした。問答は、午後四時から翌朝の六時、ご本山の総門が開くまでだったのでありました。

ここで嘉戸氏が答えられた主な要点を簡単に書いてみます。

『法華経』には、仏に成ると説かれてあっても、その方法が示されてない。このことについては先哲が指摘されているが、なかでも平田篤胤のように「効能書《こうのうがき》があっても、薬そのものがない」とまで、きびしく批判を述べている。明治に至って、西洋との文化交流が盛んになるにつれ、近代仏教が導入され、原典の研究が盛んになり、『法華経』を経典第一とする天台大師の五時の教判《きょうはん》も悉《ことごと》く覆《くつがえ》されている。従って日蓮上人の立てられた教相判釈《きょうそうはんじゃく》は、歴史的にも科学的にも全く根拠がない。創価学会がいうところの大石寺の板本尊も、十界円満具足であるべきはずのものが八界しかなく、二界が欠けていて、世にこの板本尊を〝八厄《ヤッカイ》マンダラ〟とまで言っている（安永弁哲氏の『板本尊の研究』に詳しい）。また、その本尊が世に出るべきなのに、秘していまだに公開しないのは、このためである。また題目は念仏の亜流《ありゅう》であり、このことは家永三郎氏の『中世仏教思想史研究』に述べられてある。

（参考＝渡辺照宏氏『仏教』『日本の仏教』『お経の話』、金岡秀友氏『お経の読み方』）

また、阿弥陀仏と他の如来との違いについて、諸仏は菩薩から如来へとご自身が仏と成らんがためのご修行であり、阿弥陀仏は凡夫を救わんがための五劫にわたるご修行であったことを力説されたことを憶《おぼ》えている。「仏心とは大慈悲これなり、無縁の慈を以て諸の衆生を摂す」。（『観無量寿経』）

。

。

。

浄土真宗の教えは、仏教を堕落《だらく》さす元凶《げんきょう》だと書かれた本も世に出ているが、私は決してそうは思わない。仏の教えが堕落するはずもなく、むしろ堕落しているとすれば、人が堕落しているだけのことであって、浄土真宗の教えが、その元凶《げんきょう》であるなどは、正鵠《せいこく》をはずれるもはなはだしいと思う。浄土真宗とは、単なる宗名ではなく、浄土の真実の教えを宗祖が仰せになったのである。『阿弥陀経』に「今現在説法」と説かれてあるように、私自身のうえに味わうとき、まさしくその通りであり、その証《あか》しが私であるというのも愚かにさえ思えるが、『大無量寿経』に「仏のたまわく、我汝等《われなんじら》諸天人民《にんみん》を哀愍《あいみん》すること、父母《ぶも》の子を念《おも》うよりも甚《はなは》だし」と、お述べになっているからである。

本願の証《あか》し

嘉戸氏はこの対談のために、私に寄せられた手紙に〝千歳の知己にあう喜び〟と書かれていましたが、私のほうは相手を破折《はしゃく》せんがための真剣勝負でありました。したがって、私の示した問題に対して、要点としてあげたような問いと答えのやりとりが、挨拶《あいさつ》もそこそこに始まりました。途中で夕食をはさみましたが、約四時間というものは、私が学習してきたすべてをぶっつけて論破《ろんぱ》しようとするのに対して、浄土真宗の立場から一つ一つを答えられる嘉戸氏。しかし返ってくる答えは、私が初めて聞くことばかりでありました。

一般仏教のうえからの教判《きょうはん》、聖道門《しょうどうもん》・浄土門について、二双四重《にそうしじゅう》について、人間の実相《じっそう》について、真宗の立場からの方便法身《ほっしん》について、四十八の誓願について、私の知らなかった阿弥陀如来の話が出てきます。

『法華経』に説かれた「本懐論《ほんがいろん》」も、一般仏教と真宗の立場から、どう受け取るのかということは、残念なことでしたが、素人《しろうと》の私にもわかる話でありました。弱々しく見えた嘉戸氏は、私の問いに答える態度は一変して熱気を帯び、声にも張りがあり、グイグイ押されていることに気づきました。

「そんなはずはない」、「私たちの集まりで聞く話とは違う！」、「このような言いまわしにごまかされてはならない！」、「これでは負ける」。私はポケットのなかの念珠をにぎりしめながら、必死になって立ち向かっていました。念珠をにぎりしめる手が汗ばみ、身体《からだ》じゅうが熱くなるのを「理屈としてわかっても、そんなはずはない」と返ってくる答えの盲点《もうてん》をさがしました。しかし、時間がたつにつれて、私のもっているものは全部ぶっつけてしまい、一本道のように学習してきた私の教学は、他を攻撃するためのものであり、信仰の立場から、また人間自身を見つめる立場からの話には、どうすることもできない、心の焦《あせ》りを感じないわけにはいきませんでした。

あとのほうは、嘉戸氏の言葉も半分は耳に入らず「敗《ま》けられない」という思いで、心の中で必死に「お題目」を唱《とな》えていたのを、今でもはっきりおぼえています。

夜九時を過ぎていたと思いますが、嘉戸氏は私の焦《あせ》りを察せられたのか、「風呂にでも入って汗を流し、ゆっくり落ちついて話しましょうや」と言われ、私もホッとして救われた気分でした。

二人で階下の浴場に行きました。門徒会館に宿泊している人たちは、とっくに風呂をすませているのか、中は二人だけでした。浴槽《よくそう》に身体《からだ》を沈ませますが、気まずい気持から話もせず、湯から出て身体を洗い出します。

ふとそのとき、嘉戸氏は私のうしろにまわって「あなたの背中を流させてください」と言われます。ただでさえ気まずい雰囲気《ふんいき》のなかで、私の心は焦りがあり、なんとか切り抜ける道はないかと、頭の中はそのことばかりでいっぱいでしたから、「いや結構です」と断《ことわ》りますが、何度もやりとりしているうちに、嘉戸氏はとうとう私のうしろにまわり、肩に手をかけて、石けんをつけたタオルで洗ってくださいました。背中のほうから、嘉戸氏のお念仏の声が小さく聞こえてきました。

私は「念仏無間」を叫んで折伏してきた。その私の背を念仏を称《とな》えながら流されるほどつらいことはない。どうしてこれに堪えることができるであろうか……。「やめてください」と心で思い、裸《はだか》一つの身で、念珠をにぎることもできず、心の中でお題目を唱えつづける私。ふと脳裏《のうり》に亡き父のことが浮かびました。軍隊から脱走までして、父の死に会おうとした時のことを思い出していました。それはちょうど、背中の嘉戸氏と亡父が同じ年配であり、あたかも亡き父に背中を流してもらっているような、二重映しのような気になっていたからでしょう。

背中から聞こえてくる静かな念仏の声。精神的にはすでに敗《ま》けたくやしさ、力のたりなかった自分のいくじなさ、自分の歩んで来た足跡、あれやこれやが、走馬灯のように頭の中をかけめぐる。一方では、心の中でお題目を唱えて必死にこらえる私。そのとき不思議なことに自分の気のつかないうちに、ふと気がついてみると、心の中で題目にかわって、背中の嘉戸氏と同じように、小さい声でお念仏を称《とな》えている私を見つけました。

われに返った私は、あれほど背反的《はいはんてき》であった「南無阿弥陀仏」を称《とな》えたことの不思議、私の意志がこのとき全く無力と化するのが、いかにも残念でした。

今もってしても、そのときのことは不思議としかいいようがありません。幾重《いくえ》にも私をとりまいていたものが、一枚一枚はがれていき、風呂場の私のように、まったく心の中も裸《はだか》になってしまって何もなくなっていました。

それは一つの「力み《りき》」だったのかも知れません。信仰は個人の救済であり、心の安心であるのが、闘争心に変わり、日蓮上人の本当の心を知らなかった、一方的な執着《しゅうちゃく》心《しん》のみで、自分の頭を包んでいたのかもわかりません。敗けたのなら敗けたで、また学習し、闘争、折伏《しゃくぶく》に乗りだすべきが本当なのでしょうが、知らず知らずのうちに、声を震わせながら、嘉戸氏と共に念仏している私に、私自身が不思議であり、気持と正反対に、目から流れ出る涙をどうすることもできませんでした。

私の子供のころ、浄土真宗に縁がなかったわけではありませんが、それははるか昔のことで、そのようなことは身体の中に何ひとつ残っているはずもない私でもありました。このことは次の章で、私の生い立ちのことにふれてみたいと思っています。

本願寺の門が開くまで話がつづいたと言いましたが、実は、この風呂場の出来事を境に、話の内容がまったく変わってしまいました。

このようにして、きょう今まで念仏無間を唱え〝阿弥陀如来〟を不来《ふらい》とまで言った私が、そのとき初めて如来の慈悲を知った感じがしました。
創価学会で仏罰を盛んに力説したり、聞いたりした私が、仏教の教えを超えた何かにふれた感じがしました。私は悪業三昧《あくごうざんまい》して、親不孝はいうに及ばず、社会にまでご迷惑をかけた悪人であり、〝仏教の教えを超えたものに触れた〟というのは、恥ずかしい気持がするのですが、そういうより仕方がありません。仏教の教えといっても、全くの素人《しろうと》の私でありました。

この場合、真実を申しあげるよりほかにありません。今にして思えば「縁によって生じたものは、縁によって改められる」ということでしょうか。ここに水も洩《も》らさぬ法界《ほっかい》の大舞台があったことを知りました。今までの張りつめた気持から解放され、功《く》徳《どく》や罰をやかましく言った今までのことが、恥ずかしくなりました。

これでよかった!!　これでよかった!!

恩師と共に、涙で仏の慈悲に握手したのでありました。

創価学会に入るまで

昭和十八年十月、すでに兄は兵隊に行っており、父母は私が身近にいてくれることを願っていましたが、少年飛行隊のポスターに魅《み》せられた私は、父母の反対を押し切って、大津陸軍少年飛行兵学校に志願して入りました。

昭和十九年四月に熊谷陸軍飛行学校の松本分教所に配属《はいぞく》、ここは戦争末期の特攻隊を養成するところでありました。そこで事件をおこして軍法会議に付され、二年以上四年の不定期の実刑に処され、大阪陸軍刑務所に服役《ふくえき》することになったのでありました。

この経過を説明しますと、松本分教所では、毎日毎日、飛行機ごとに飛び込んでいく特攻隊の訓練を受けていたのでありますが、昭和二十年七月、私は郷里から「父危《き》篤《とく》」の電報を受け取りました。さっそく上官に一時帰省《きせい》することを願い出ましたが、本土決戦を覚悟していたときであり、まして特攻隊員という立場から、どのような理由であっても、隊から離れることは許可されませんでした。

家からの電報につづいて、役場からも一時帰省することの配慮を請《こ》う電報も来ましたが、それでも、日本はいかなる場合でも戦場と同じであるということから許されませんでした。

当番で夜、歩哨《ほしょう》に立ったとき夜空の星を見ているうちに、父に会いたい気持をどうすることもできず、人手が薄いのを見はからって、とうとう脱走してしまいました。

ようやく富山に着いたとき、七月十九日は福井の空襲があり、遠く西の方はまっ赤に空をこがしていました。この福井大空襲で、主要幹線では特別警戒が行われ、私は富山まで来て憲兵につかまってしまいました。敵前逃亡と同じとされ、私は銃殺刑になるものと覚悟はしましたが、結局は陸軍刑務所送りとなったのでありました。

翌八月の敗戦。十月には陸軍刑務所が閉鎖《へいさ》され、当時少年であった私は、奈良少年刑務所に移されましたが、そこでは書類裁判によって、昭和二十年十二月に家に帰されました。

しかし家に帰っても、すでに父母は死亡しており、兄は戦死、という天涯孤独の身となっていました。叔母《おば》の家が世嗣《よつぎ》のないため、叔父《おじ》のいうままそこに養子としてやられることになりました。

そこでも私の我が儘《まま》から、義父母との仲が好《うま》くいかず、ついにその家を飛び出してしまいました。帰る家もなく、大阪駅の待合室を寝ぐらにし、梅田の闇市《やみいち》を徘徊《はいかい》していましたが、そこから悪への転落が始まりました。なんとなしに、私と同じような境遇にある仲間ができて、ずいぶん無茶なこともやりました。

当時は外国人が羽振《はぶ》りをきかせており、日本人は虐待《ぎゃくたい》されていました。警察官とて武器を持つことが許されず、六尺棒を持って警備していたころのことであります。外国人によって痛めつけられている日本人に我慢《がまん》がならず、幾分かは、このような義侠《ぎきょう》心《しん》から、また多分には私自身の弱さから、昨今では暴力団と呼ばれている組織の一員となりました。

その当時の仲間が殺され、あるいは新聞紙上で報道されるにつけ、胸の痛む思いがします。個人的に話してみると優しい思いやりのある人が、人が死傷するという銃撃による抗争事件の指揮者であったことなどを知るにつけ、人間そのものが、痛ましくも悲しいものであると思います。私自身にも、いろんな抗争がありました。山陰の鳥取市や、京都駅前が黒い服の組員でうずまったこともありました。また西成の飛田本通りでと、ふり返ってみても、よく五体満足におられたと感謝せずにはおられません。これもひとえに己《おのれ》の力を超《こ》えた大いなるはからいであったのでしょうか。

肩を斬《き》られ小腹を刺された友人たちは、いずことも知れず組を去っていきました。私も腹をきめ組を去ることにし、その旨《むね》を組長はじめ一同の人びとに話しましたが、組を去るそのときには、みんなが祝福して見送ってくれました。

仁侠《にんきょう》一代を生きた組長も、当時としては、盃《さかずき》を返すということはそれ相当の大変なことで、指をつめることは幾多《いくた》もありましたが、私のように組を去ろうとする者を、今からの時代は、もうそのような世界ではなくなるという考えをもっていたようで、私も円満に組を去ることができ、組長の人間性に触れた思いがしました。今もその人は、土木事業を盛んに営んでいると聞いています。

その後、八尾で市会議員をやっていた叔父の縁で、修徳学院の分院であった初島学園に勤務しましたが、そこでも懲戒免職《ちょうかいめんしょく》となったり、傷害事件にかかわったりなど、私自身臆病者でありながら、虚勢《きょせい》を示しては喧嘩《けんか》をして、しばしば職場を転々としました。

こんなことでは、自分自身が更生《こうせい》するどころか、駄目《だめ》になると思い、キリスト教に入りましたが、そこでも納得いかず、当時盛んであった日蓮正宗創価学会に、私から進んで入信しました。

私の家は代々浄土真宗であり、八尾市久宝寺にある別格寺院・顕証寺の門徒であります。この寺は徳如上人が出られた由緒《ゆいしょ》ある寺で、物心ついてからでも、父母が仏壇の前でお念仏していても、私は一度も手を合わせたことがありませんでした。顕証寺の近松氏とは幼《おさな》友達であり、寺にもよく遊びに行っていました。近松氏にご迷惑かけたことがあっても、ご本尊に「南無阿弥陀仏」と称《とな》えたことはありませんでした。そんな私だから、創価学会に魅力を感じ入信したのです。

私は、竜之口《たつのくち》で馘首《かくしゅ》の座につき、そして佐渡に流された日蓮上人の勇気に、強烈な印象を受けました。私にとっては、世間一般でいわれているような、功徳を得るための入信ではありませんでした。

創価学会員のなかには、私のような動機で入信したものがかなりいます。功徳《くどく》を受けるための入信者は別として、創価学会での中枢《ちゅうすう》には、利害のために入信した人はあまりないように思いました。

「信仰は親鸞の如く、弘法《ぐほう》は日蓮の如く」との諺《ことわざ》がありますように、私も斯《か》くありたいと思い、だから私は如実修行《にょじつ》のために、西本願寺に折伏に出向いたのでした。今にしてかえりみるとき、悪事三昧《ざんまい》のなかで転々とし、そして創価学会に入信、「念仏無間」を絶叫していた私が、お念仏させていただく身になり得た不思議は、ひとえに如来の願力によるものと、ありがたく頂戴しているのであります。「これでもか」「これでもか」と、さぞ如来さまにご苦労をかけたであろう私に、憐れとおぼして救わずにはやまんという、水も漏らさぬお手回しがあればこそでした。

これこそ「今現在説法」の証《あか》しにほかならないと思います。今まさに私のために法が説かれていたのである、と確信するのでありました。

「如来、無蓋《むがい》の大悲をもって三界を矜哀《こうあい》したまう。世に出興するゆえは、道教を光《こう》闡《せん》して群萠《ぐんもう》を救い、恵むに真実の利をもってせんと欲《おぼ》してなり」(『大無量寿経』)、仏説に妄語《もうご》あることとなし、正覚《しょうがく》の大音が十方に響いているではありませんか。

めぐり会いのあと

嘉戸大恵氏にすすめられて、大日本仏教全書(宗論叢書)に真陽が著わした『禁断日蓮義』(日蓮教義について六十七個条の誤りを挙げている)を読み、また偽書と噂《うわさ》される『大聖日蓮深秘伝』を読んでみました。嘉戸氏は十カ年もこの『日蓮深秘伝』を研究されたと聞いています。

存覚上人の『歩船鈔』も読ませていただき、創価学会とやがて対決するために、嘉戸大恵氏は正攻法で正面から、私は創価学会にとどまり、内部から逆折伏することになりました。事実、嘉戸大恵氏は、正々堂々と正面から東京の創価学会本部に乗り込んでおられます。

私は京都の岡部秋人氏と共に、創価学会革新同盟を結成し、初め岡部秋人氏が京都で名告りをあげた（当時、岡部氏は盲人であったが、現在では手術されて全快されています）のを機に、全国で十五団体にものぼる反創価学会組織が誕生しました。この旗揚《はたあ》げを「赤旗」が報じ、次つぎとあらゆる週刊誌がこれを記事にしました。

公明党を除き、各党の代議士が協力してくれました。後に本部を東京に置き、各団体が連合して創価学会対策連合協議会と改称されましたが、マスコミに取材されて自分の名前が活字となり、今までかつて経験したことのない人たちが、一部といいながら有名人となったゆえに、組織内の首位争いが生じ、組織を分裂へと導き、これに乗じて、ある組織より奇怪な暗躍《あんやく》があったために（私もある雑誌で公明党議員より金品を貰ったごとく書かれましたが、もちろん事実無根です）、現在では京都と四国を除き、他の組織は消滅しています。そのほかでは、東京において松本勝弥氏が板本尊の問題で上告中、和歌山では森本徳造氏が宗教法人法違反として上告しており、最近では大阪で上野富男氏が集会を開いているとのことぐらいであります。

ともかく『法華経』は、最も優れた経典ということから、他の経典を軽視する傾向がみられます。「円教」ともいわれた経典でありながら、排他的に解され、そこに仏教本来の謙虚《けんきょ》な心が失われつつあるように見受けられるのは残念なことです。

自分の信ずる宗教以外は、全部邪宗《じゃしゅう》というようでは、偏狭《へんきょう》になるばかりでしょう。仏教とは、釈尊の宗教であることはいうにおよびませんが、その仏祖釈尊を蔑視《べっし》するに至っては論外であり、これこそ仏教でないと断言できるでありましょう。

法義に用いる袈裟《けさ》も念珠も、合掌する姿も、すべてが釈尊以来の遺風《いふう》であるにもかかわらず、釈尊は日蓮上人の三大秘法によって成仏した（『折伏教典』）とか、日蓮上人の智徳は、とうてい釈尊のおよぶところではないというがごときは、何をかいわんやでありましょう。

『法華経』の文中には、今までの経典を統一する意味が説かれてありますが、しかし『法華経』の開経と目されている『無量義経』のしめる位置が大きく、その『無量義経』の「四十余年未顕《みけん》真実」という言葉によって『法華経』以前の経典は方便《ほうべん》であって、真実でないという説がなされています。

方便とは真実へのてだてであって、必ずしも真実でないとは言い切れないのでありましょう。だが現在では、近代仏教による原典にさかのぼって研究され、『無量義経』は中国で著わされた偽経《ぎきょう》とされています。

この問題については、荻原雲来・横超慧日両氏が書物に発表されていますし、また「四十余年未顕真実」の意は、釈尊の悟りの境地は文字や言葉では言いつくせないとして、文字言説《ごんせつ》を払われたのであります。

従来、小乗として軽んぜられた経典についても言えるでありましょうが、道元禅師が仰せのごとく、いかなる経典であろうとも、その人の力量によって、悟りの境地に入ることが可能であるとされています。すなわち、機に相応する経典であることが肝要でありましょう。

また、天台大師の五時八教のうえに立脚した日蓮教義というものについても、再考すべき問題点があろうかと思うのであります。

現実を直視して

私が宗祖を讃仰《さんごう》させていただくことの一つは「非僧非俗《ひそうひぞく》」の精神であります。『悲華経《ひけきょう》』に「自ら剃髪《ていはつ》するをもって出家となすに非《あら》ず。若《も》し能《よ》く大精進を発《おこ》し、衆生の一切煩悩《ぼんのう》を除かんと為《す》る。之《これ》を出家と為《な》す」とあります。宗祖の比叡の山での内的生活は、いわば非僧的であり、山を下りられて、むしろ非俗的となられたのであります。

宗祖ご自身の身の上については、日蓮上人とは対照的に、ほとんど記されていません。自ら愚禿《ぐとく》と称して、ただひたすら阿弥陀仏の本願を顕彰《けんしょう》され、頑愚《がんぐ》な大衆のなかに入って、虚飾《きよしよく》を払拭《ふつしよく》し去り、形ばかりの僧ではなく、人間の内《うち》なる相《すがた》をさらけ出して、如来の前にかしずかれました。願力に乗じて一切群萠《ぐんもう》の苦を除かんとされた宗祖こそが、正真の出家ではないでしょうか。

愚禿《ぐとく》と称せられたのは、流罪《るざい》を機にされてのことでありましょうが、〝念々の称名は常に懺悔《さんげ》なり〟（善導大師）と、私は味あわせていただいているのであります。私のような、ただ口先ばかりの念仏ではなく、宗祖の念仏は測《はか》り知れぬ厳しさを内にいだいて、宗祖をして愚禿《ぐとく》と名告《なの》らしめたのでありましょう。

「心も肉も懈怠《けだい》にもあり、不信にもあらんには、誠心をもはらにして前仏に懺悔《さんげ》すべし（中略）前仏懺悔の功徳力、われを救いて清浄ならしむ、この功徳よく無礙《むげ》の浄心精進を生長せしむるなり」（道元禅師）です。肉食妻帯《にくじきさいたい》の宗祖を、世間では僧にあるまじき堕落《だらく》という人もありますが、隠れて妻帯した当時の僧侶に比して、自他を欺《あざむ》くことなく、ひたすら真実を求められた真摯《しんし》なお心の表白《ひようびやく》と拝するときに、いかに道心堅固なお姿であることでありましょう。

「食肉を断ずるは、慈悲の力なくして殺害の心を懐《いだ》くをもってなり、もし害心を懐さず、大慈悲あり、一切衆生を教化せんが為の故《ゆえ》なれば、食肉も罪過にあらず」（『文縁回経』）（伝説によれば、宗祖は袈裟をかけ食肉されたといわれます）

また「親鸞は父母《ぶも》の孝養《きょうよう》のためとて、一辺《いっぺん》にても念仏もうしたることいまだそうらわず」のお心は、『梵網経《ぼんもうきょう》』の「一切の男子は是《こ》れ我が父、一切の女人《にょにん》は是れ我が母なり。我生々《しょうじょう》是より生を受けざるはなし。六道の衆生は皆是れ我が父母なり」に依られたのでありましょうか。他人の父母云々と区別することなく、老若男女、みな御《おん》同行《どうぎょう》とせられたのではないでしょうか。

すなわち、如来の大悲の前には、すべて父母兄弟といただかれたのでしょう。念仏を称《とな》えることが父母への回向《えこう》ではないことはもちろんですが、それはひとえに他力回向のほかの何ものでもないからであります。

ともに大衆と苦しみ、大衆の手をとり合われた宗祖を、私の心の師友とするところであります。神格化された宗祖は、私には無縁のように遠い存在であります。泥にまみ垢《あか》にまみれて、私とともにある愚禿《ぐとく》親鸞を崇《あが》めます。
それに反して、現在の教団あるいは寺において、宗祖の遺風《いふう》がどれだけ受け継《つ》がれているでありましょうか……。

過日、創価学会会長の池田大作氏の側近《そっきん》であり、関西本部で渉外局長の要職にある大西正人氏が寺へ訪ねて来られました。「本年は折伏《しゃくぶく》が盛んである」と語りながら、氏が説明されるには、昨年一年間の折伏人員数を、本年三月までの三ヵ月間でやってのけたといいます。しかもその折伏数は、万の単位に近い数といわれます。氏は嘘《うそ》を言うような人ではありません。反創価学会の旗揚《はたあ》げして以来の好敵手であります。お互いに教義に関しては一歩も退《ひ》かないが、人間対人間としては、誠に尊敬する人物の一人であります。私が以前に電話で話したとき、咽喉《のど》を患《わずら》って声が出にくかったのですが、大西氏はそれを知り、咽喉《のど》には蜂蜜《はちみつ》がよいからと、わざわざ持参してくれました。心にくいばかりの配慮です。敵味方という表現は好ましくありませんが、互いに主義主張が違っていても、幅広く人の意見を聞くということも大事なことだと思いました。

その大西氏曰《いわ》く、「入信者に念仏系の人が非常に多い」ということであります。事実、私の入信当時にも多くありました。また不思議なことに、新興宗教からの入信者が少なく、既成《きせい》教団からの入信が多いということであります。私もその一人であったのですが、創価学会を批判する前に、まず自分の寺はどうか、教団はこれでよいか、ということを反省してほしいものです。現に本年は、十倍折伏大行進が開始され、いま門徒も折伏されつつある現実をみつめてほしいと思います。

創価学会の折伏《しゃくぶく》については、以前にはいろいろの行き過ぎた行為もありました。私とて折伏に行き、拒《こば》まれてもなお訪問して、その家族に頭からバケツで水を浴《あ》びせられたこともありましたが、しかしジッと我慢《がまん》をし続けました。日蓮上人の佐渡での苦行を偲《しの》べば、ものの数ではない、ただ忍辱《にんにく》の鎧《よろい》を着ての折伏でありましたが、「何者か、多大なる、忍辱《にんにく》多力なり、悪を懐《いだ》かざる故《ゆえ》に兼ねて安健を加ふ、忍ぶ者は悪なし、必ず人の為に尊ばる」（四十二章十五）の聖句によればこそ、如何《いか》に水を浴びせられようとも、私には腹立ちがなく、むしろ、さわやかな充実感さえありました。たとえ教えそのものが横すべりしたものであったにせよ、この人を救わねばならないという使命感があったからであります。

現在でも十倍折伏大行進が進められているが、その折伏を行《ぎょう》ずるのも、「成仏の道につながるがゆえ」によるのであります。またそれ自体が仏教徒としての責務であると信じたからであります。

わが浄土真宗においても、そうであろうと思います。「自信教人信」には、内と外に両面の実践性があり、それが一体となってこそ真宗教義が生きてくるのではないでしょうか。私はまだ真宗の教義については、お恥ずかしいことながら、その門を叩いたにすぎない存在であり、生涯かけて学んでいかねばならないと思っています。

私が門徒の人びとと接していますと、「念仏を頂戴してはいるが、お粗末《そまつ》な私などには、とても人にお話するようなことはできません」ということをよく耳にします。そしてお念仏することが〝報謝〟であるといいます。なるほど、その通りかも知れませんが、はたしてそれだけでよいのかという疑問が残らざるを得ないのであります。法は人によって弘《ひろ》まり、人によって尊い自覚が得しめられます。日蓮上人は先哲によってその教えを、親鸞聖人もまた、人 源空によってその信を得られたのではないでしょうか。なれば、内（自信）にのみとどまり、外（教人信）に向かって語りかけないとするならば、宗祖の真意をいただいたといえるのでしょうか。法を聞くことにより、身口意《しんくい》が一体となって、外に向かって語りかけずにはいられない迸《ほとばし》りがなくては、「自信教人信」は無意味な死語となるのではないでしょうか。しかし、口があっても身意に欠けていては、ザルを持って水を汲《く》むに等しいともいえるでありましょう。

『大無量寿経』にも「寿命甚《はなは》だ得がたく、仏世また値《もうあ》いがたし。人信慧《しんね》あることかたし。もし聞かば精進に求めよ。法を聞きてよく忘れず、見て敬い、得て大きに慶《よろこ》ば、則ち我が善き親友《しんぬ》なり」と釈尊が仰せであります。門徒の家の仏壇には、天照大神あり、弘法大師あり、妙見さんありでは、法を聞いては忘れ、見てはないがしろにし、なんら得るところもなく、それはそのまま阿弥陀仏について聞不具足《もんふぐそく》を示す人でありますす。他力の教えを聞きながら、自力の計《はから》いによって捨てることであり、成仏するどころではない。大悲のご恩に浴しながら、このような人は憐《あわ》れというほかないのであります。

「恩を知る者は大悲の本《もと》なり、善乗を開く初門なり。人に愛敬《あいぎょう》せられて名誉遠く聞え、死して天に生ずることを得て、終《つい》に仏道を成《じょう》ぜん、恩を知らざる者は畜生よりも甚《はなは》だし」（『大智度論』）とあります。宗祖の仰《おお》せにも「如来大悲の恩徳は、身を粉にしても報ずべし」と遺誡《いかい》されてあり、私たちが日常唱《とな》える恩徳讃は、口先のものであるといっても過言ではありますまい。

創価学会の信者たちは、成仏せんがための折伏行《しゃくぶくぎょう》でありますが、私たちは信心決《けつ》定《じょう》して、成仏が定まったとのありがたい大悲に、何にもせずということであるはずがないでしょう。むしろ恥ずべきことであります。

ある人が物知り顔に「余のひとびとを縁として、念仏をひろめんとはからひあわせたまうこと、ゆめゆめあるべからずそうろう」（宗祖『御消息』）との仰せを引用します。また「お粗末《そまつ》な私が、お念仏を弘めようなど、大それたことを」とも言います。

しかし、宗祖の「余の人」とは「この世のならいにて念仏をさまたげんひとは、そのところの領家、地頭、名主のやうあることにてこそそうらはめ」とあるように、権力を指したものであって、日蓮上人とは全く逆であります。決して念仏を弘めなくてもよいと言われているのではありません。すなわち「往生一定《いちじょう》とおぼしめさんひとは、仏の御恩をおぼしめさんに、御報恩のために、御念仏こころにいれてまうして、世のなか安穏なれ、仏法ひろまれとおぼしめすべし」（宗祖『御消息』）を、単なる観念的な〝いのり〟のなかにのみとどむべきではないでありましょう。

世に人命尊重が叫ばれ、人間の尊厳が謳《うた》われていますのは、単なる傲慢《ごうまん》な人間主義だけであってはならないので、無数の〝生きとし生けるもの〟のなかにおいて、人間として生を受け、しかも今、見仏聞法のご縁にあずかる身となったことを想起しますとき、どのような人間であれ、機根の優劣を問わず、如来清浄の真心を体とする名号《みょうごう》を受領して、信楽《しんぎょう》を開発《かいほつ》する器《うつわ》であってみれば、仏と成りうるに最もふさわしいのが、人間ではないでしょうか。

宗祖のように「地獄一定《いちじょう》」という深い自覚もなく「お粗末《そまつ》」を乱用するのは、自己自身のみならず、宗祖をも冒瀆《ぼうとく》することになりはしないでしょうか。いまはよくよく自らをかえりみて、私たちは生命の価値、人間としての生き方をあまりにも軽んじていたのではないでしょうか。人間として生を受けたことの喜びが、まことのそれであるならば、互いに傷つき易い私たちでありますことを思い、互いに励まし合い、助け合いながら生きてゆくことができるのであります。

利害、我欲にあけくれる憐《あわ》れな人が多いなかに、仏法を聞くことを得た私たちは、類《たぐ》いなき幸福者であり、私は世界一の分限者《ぶげんしゃ》であります。現実に私が踏まえている大地に住む人間が、やがて仏と成り得るのであります。

大乗経典の『維摩経《ゆいまぎょう》』では、この世がそのまま浄土と教え、『法華経』では「娑婆《しゃば》即寂光土《じゃっこうど》」を説かれてあります。すなわち仏願力によって、廻心懺悔《えしんさんげ》し、煩悩菩提一《ぼんのうぼだいいち》味《み》という菩提心から現実を照顧《しょうこ》しますならば、己《おのれ》の計《はから》いなき自然法爾《じねんほうに》につつまれた世界として味わうことができるのではないでしょうか。

宗祖も「臨終《りんじゅう》まつことなし、来迎《らいごう》たのむことなし、信心さだまるとき、往生またさだまるなり」（『末灯鈔』）と仰せになっています。皮相的に西方のみを指向することに執《しゅう》じて、十方法界《ほっかい》を疎外《そがい》しがちではないでしょうか。今日の私が、文字通り輝かしい未来を展開せしめることこそ大事であります。現実のような乱世にこそ、念仏の教えを必要とする所以《ゆえん》でもあります。蓮如上人も誡《いまし》めておられますが、「念仏すれば成仏できる」という安易な心におぼれている人が大半のように思えます。宗祖のお言葉よりうかがえば、「阿弥陀仏の救済の本意は、死後の化土《けど》往生にあるのではなく、報《ほう》土得生《どとくしょう》への歓喜地に住して、仏光照護の下で現実を、今を、真仏弟子として生活実践する」ことにあると私は戴《いただ》いています。

お袈裟《けさ》の重み

恩師嘉戸大恵氏（宿善院）が常に申されていましたことは、「寺は世渡りの場と化して、そこには仏法がない」と嘆かれたことであります。氏が亡《な》くなる寸前まで伝道に尽くされ、最後にも「おいとまごい」と題して、自坊において寺族の方がたに躰《からだ》を支えられて、涙ながら、如来大悲のありがたさよ、と法話をなされています。（テープに収録されてあります）

私にも遺言《ゆいごん》として「創価学会から浄土真宗に帰って来たことは、よくよくのご縁があってのこと、このことは貴重な体験であるから、今まで君が折伏《しゃくぶく》してきた人にも、念仏のありがたい教えを聞いてもらい、多くの人にも浄土真宗の教えを弘めてもらいたい、それが如来さまの大悲に対するご報謝《ほうしゃ》である」とのお便りを頂戴《ちょうだい》しました。そのころは、ご病気が全快されることを念じていただけで、それほど僧侶《そうりょ》になってまでとは思いませんでした。僧侶にならなくても、ご恩報謝はできると思っていましたが、氏が往生されてみて、僧侶になることについて、私は真剣に考えました。

今日まで私が歩んで来た道をふり返ってみて、門徒の家に生まれながら、ずいぶんと道草を喰《く》ってきた、それというのも正しい信仰がないゆえに、まことの安心を得ることができず流転《るてん》をつづけて来た。もし嘉戸大恵氏にお会いすることがなかったら、さぞかし一生をむなしく終えたことであろう……と。

真の幸福とは、病気が治ったり金持ちになったりすることではありません。真実の信心を根本とした毎日が、力強い、明るい生活を送ることであります。それこそが「本当の生き甲斐《がい》」のある充実した最も人間らしい生き方であることに気づかせていただいた今、まず有縁《うえん》の多くの人に語りかける機会に恵まれた僧侶となることが、私にとって仏恩《ぶっとん》報謝であり、私自身限られた歳月を、能《あた》うかぎり教学に専念できることを思い、僧侶となる決心をしたのでありました。

そして僧侶になってみて、初めて袈裟《けさ》の重みを知りました。そして恩師の苦悩を身にしみて感じました。

現在はあまりにも理屈《りくつ》が多すぎます。宗教は理屈ではなく、実践であります。理屈だけでは決して具体的な成果は得られないと思います。私自身の励みとして、自分の可能な限りにおいて、如実に実践してみようと決心して僧侶になりましたが、胸の痛む思いばかりであります。

教団改革も結構な話ですが、まず寺を中心とした人づくりから始めよう。それは自分自身にも言えることですが、それが拡大して教団が栄え、御法が弘まるのであると思います。たとえば末寺における住職・寺族・衆徒《しゅと》という形式的な区別や処遇に、こだわり腐心《ふしん》することなく、正法宣布《せんぷ》の道場、法城を護持せんとするものは、専従者として、法義のために結ばれた平等な生活を営み、うるわしい人間関係において協力し合わねばならないのであって、衆徒・役僧として区別し、ややもすれば軽んずる住職を見受けますが、憐《あわ》れというほかはありません。一味として実践する姿こそ、明日の教団の指標を示すことになるのではないでしょうか。

教団の現状からすれば、寺院での法座活動もさることながら、内に座して聴聞者を待つことよりも、外に向かって語りかけることも大切なことでありましょう。

本年になって創価学会では、十倍折伏大行進を開始しましたが、その成果は着々とあがっているということであります。創価学会での弘法《ぐほう》は狭い路地に至るまで行きとどき、人間と人間の親密な結びつき、家庭での日常の細々《こまごま》した点まで指導がなされていますが、門徒の方がたにそれがないのは、いささか驚きであり残念であります。今こそ僧俗一致の在家仏教たる浄土真宗の本領を顕示したいものであります。

新門さまにお会いして

本願寺新報の四月一日号をご縁にして、私自身の「本願の証《あか》し」を書かせていただくことになりましたが、その後六月に、今度は本山組織部から「本山に来てほしい」との電話があり、早速お伺《うかが》いしましたところ、六月二十四日開催の日校連盟指導者研修会に「私と浄土真宗」というテーマで、私に話をするようにとのことでありました。私にとっては大役《たいやく》であり、研修に参加されている先生方を前にして話すほどの能力もないので辞退申しあげたのですが、「是非《ぜひ》」とのことで、お言葉を甘受したのでありました。

その日のことでした。部長さんより、七月十五日、新門さまと懇談するようにとのご依頼を頂戴したのです。これこそは、わが身の器量を顧みますとき、容易ならぬことであり、まさに、身にあまるご縁と恐縮しつつも、あえて、万分の一でもご参考になることでもあればと、出席させていただくことにしました。そして私が新門さまに申しあげたことは、左記の事項についてであります。

㈠　私の経歴について

㈡　創価学会の活動の現況について

㈢　かつて学会員であった私からみた寺院、僧侶、教団、信者、法座のあり方等々であり、率直に私の思いのままに、ずいぶん非礼なことも申しあげましたが、終始、にこやかに私の意見を聞いてくださいました。まことに聴《き》き上手な方《かた》でありました。

この懇談会は、門徒会館において午後二時より六時までの長時間にわたり、新門さまのほかに、本山側から朝枝実彬総務、三宮義信部長、龍大の中垣昌美先生、松本徹昭先生、真木哲英先生と組織部の青壮年部関係の諸先生も同席され、活気に満ちた会談でありました。予定された四時間は、たちまちに過ぎ去りました。新門さまおよび諸先生からの質問にお答えした要旨を、簡単に述べますと

㈡については、例の言論妨害《ぼうがい》事件を教訓として内容の充実を図《はか》り、新しく入信する者に対しては家族の同意書および保証人を加えるなど、かつての無理な折伏《しやくぶく》は一切なされていない。そして入信者に対しては、本人の宗教調査をし、入信の動機など克明に調査されており、以前と異なって、学会員の質の向上もかなり図られている。入信者の所属する班の班長は、本人の就職先から家族構成及びその動向のすべてが掌握《しようあく》されている。故《ゆえ》に動員招集はきわめて機敏《きびん》である。その事例として、水害地における救済事業の行動性についても知ることができる。

真宗における寺と檀家制度においても、学ぶ点は多くある等々。

㈢については、創価学会では本年は〝十倍折伏大行進〟をスローガンにして活動をしているという。本年四月現在までの折伏状況は、僅《わず》か三カ月の期間で昨年一年の人員数に迫る折伏数であるというのである（創価学会関西本部大西正人氏談）。まことに恐るべき驀進《ばくしん》ぶりである。それに増して学会員の質の向上と、この折伏の成果は、余所事《よそごと》として傍観できぬ事態なのである。なぜなら、その折伏された人びとの大半は念仏系の人と聞く。天理教とか立正佼成会といった新興宗教よりの退転者は少ないとのことを聞かされるからである。この原因はいうまでもなく、遠く郷里を離れて都会に出て就職した青年らが、孤独を味わうなかで何かを求めようとする、そういう人たちが入信をすすめられ創価学会員となることによって、多くの仲間ができ互いに励まし、助け合いながら日々を充実したものにしていく、なかには若い者同志で恋愛をし結婚する者も多くある。

真宗においては、あまりそれがなされてないように思われる。事実、檀家の子弟のことについて、どれだけ寺院が掌握しているか、はなはだ疑問である。

そのほかに、学会員の家庭で、その大黒柱《だいこくばしら》の主人が死亡したとする。たちまち、あすからの生活に不安を抱くであろうが、学会ではこのような事態に際しては、公明党議員も一体となって、生活の扶助《ふじょ》の手続きから就職の世話に至るまで、また子供があれば保育所というように、すべてが迅速《じんそく》に処理されて、生活指導が実行されている。これは一例にすぎぬが、組織そのものが縦横に組まれていて、すべてが充実されている。また文書伝道も盛んである。一人で『聖教新聞』を自発的に二十部・三十部と購入している人がいて（松本勝弥氏など以前は二百部もとっていた）、その人たちは、学会員以外の家庭の郵便箱などに投函《とうかん》していく。駐車している車中に投げ込まれたり、一人でも多くの人に創価学会を知ってもらう努力がなされている。また班長・支部長クラスの家には、必ずといってよいほど、聖教新聞取扱所の看板が門戸にかけてある。本派の寺院及び門徒総代の家にも、それらしいものがないのは残念なことである等。

文書伝道については、新門さまも同感されていました。来春四月に門主を継職されることを思うとき、新門さまのお言葉の端々《はしばし》に、教団に対する並々ならぬ情熱と積極的な意欲をお窺《うかが》いし、私もあらためて教団の発展を願うと共に、心より期待申しあげております。

とかく新門さまは殿上人《てんじょうびと》のごとく誤解され易いのですが、決してそのような方《かた》ではありませんでした。さすがに宗祖の血脈を継ぐ方だけあって、一介《いっかい》の私でさえ、同行《どうぎょう》として対等に扱ってくださいました。また機会あるごとに御同行《おんどうぎょう》の意見を聞きたい、許されるならどこなりとも出て行きたいと仰《おっしゃ》っていました。聞くところによりますと、私たちが想像している以上の多忙さであります。秒刻みの行事に出勤なされて、非常な激務であるといいます。相当の体力を必要とする。本山に帰って行かれる新門さまの後姿《うしろすがた》を拝して、宗門のためにもお躰《からだ》を大切におといといくださることを願わずにはおられませんでした。

結び

亡《な》き嘉戸大恵先生を折伏《しゃくぶく》に行ったのも、この門徒会館でした。あれから数年経《た》った今日、この場で新門さまと会見して、宗門の隆盛のため微力ながらも進言する機会を与えてくださった宗門関係の先生方に、心より感謝申しあげます。あらためて感無量であります。この日、この時、いよいよ本願の不思議と確かさを身にしみて痛感しました。

なぜなら私は、かつては〝念仏無間〟を叫んで、如来に弓を引いた人間です。その私が今ここでご開山の末弟の一端に連なる一人として、お育てをいただいたこの事実は、本願のまことの〝証《あか》し〟でなくて何でありましょうか。このような私でも救われるということは、他も必ず救われるということであります。

何人《なんびと》といえども、救わずにはおられないという、水も洩《も》らさぬ如来の本願があるからであります。私の立場に立って〝救われた〟という自信からいえば〝私たち〟も救われるということになります。だが今あらためて自身をみますとき、〝私〟にとどまり〝たち〟が意識されていません。言い換えれば〝教人信〟がなされてないということに気づかされるのであります。

仏教の教えは〝今〟を問題として説かれてあります。真宗の教えも然《しか》り。教人信とは、信を戴《いただ》いた今にしてなすべき価値があります。

『大無量寿経』に曰《いわ》く、「忍辱《にんにく》と精進《しょうじん》と一心と智慧をもって教化すべし」とあります。本願を信じ念仏することにおいて不退転に住する。信心が定まれば智慧が開かれ、一切の他のために尽くしつつ常に自らを厳しく磨《みが》いていく、これが仏教の根本義であり、真宗とて変わりないと思います。「心を正しくし、意を正しくして、斎戒清浄《せいかいしょうじょう》なること一日一夜すれば、無量寿国にありて善をなすこと百歳せんに勝《すぐ》れたり」とは『大無量寿経』の教えであり、〝今〟のなすべきことを説かれてあるのであります。

また「後生《ごしょう》の一大事《いちだいじ》」とは、死後の来世をいわれたのではなく、〝出ずる息、入る息をまたぬ〟一瞬一瞬の間をいわれたのであります。私とて今このようにしてペンを執《と》っていても、心臓の鼓動《こどう》が止まれば今生《こんじょう》の終焉《しゅうえん》でありましょう。

釈尊は、人間の寿命は、永く生きることをいわれたのではありません。吐《は》く息、吸う息の一呼吸をいわれたのである。また〝経〟とはスートラ、すなわち〝今〟ということであり、〝法〟とは方法を教えられたのであります。お経を読むということは、口先だけのものでなく、実行することです。

凡夫だからといって、逃げ込むことは断じて許されるべきものではありません。凡夫だからといって、何もせぬということはあり得ないことでしょう。何にもせずして、そのまま本願の大乗に乗じて彼岸にゆくという考え方は、まさに邪見というべき横着者のいうことであります。

凡夫とは、如来から言い当てられたものであって、凡夫の私が凡夫と言うべきことではなく、私とて凡夫の凡夫たることを知らぬのであります。凡夫に徹するということは、厳しい自覚に立ってこそいえる言葉でありましょう。

宗祖の「非僧非俗《ひそうひぞく》」を安易にいう人もありますが、私は宗祖は「僧の中の僧」「俗の中の俗」であると言いたい。宗祖の「非僧」は外儀《げぎ》の僧、形ばかりの僧魂《そうこん》のない僧ではないのであり、外見の僧ではなく、心の中の僧であります。わが心はごまかしができません。真摯《しんし》な僧をいうのであります。

「俗中俗」とは、かつて福沢諭吉が言ったような次元の低いものではなく、本当に俗になり切る、自覚するとはたやすいことではない、と私はいただいています。また〝地獄〟とは、生きた人間の実相を語り戒められたのであり、如来の本願は地獄にもあります。「仏心とは大慈悲是《こ》れなり」。

釈尊の出世本懐は『大無量寿経』以外にはありません。私は如来の大悲に浴し、念仏者として〝自信教人信〟の大道を精進せねばならんと肝《きも》に銘じ、反省するしだいであります。

恩師のたより

（以下、恩師の嘉戸大恵氏からの手紙十六通が、「恩師のたより」として掲載されています。紙幅の都合で、その約三十五ページ分すべてを割愛させていただきました。――編集子）

あとがき

虚仮《こけ》の宗教から真実の宗教へ——これが私の歩んで来た道であります。仮偽《けぎ》の教えも、決して無駄ではありませんでした。虚仮《こけ》の山林をさ迷いながら「理想」という虚偽を追求しているうちに、値遇《ちぐう》し難い「真実」の教法にめぐまれ、その真実に照らされて仮偽《けぎ》の所以《ゆえん》と真仮《しんけ》の分際《ぶんざい》を弁別せしめられました。

私にとって、権化《ごんけ》方便の悲用《ひゆう》をもって、善巧摂化《ぜんぎょうせつけ》を蒙《こうむ》ったことを、ただひたすら、ありがたく感佩《かんぱい》するのみであります。

今、僧籍に加えられて、教団の一員となって周囲を見るにおよんで、奇異の想いにかられました。それは、真実の教法、何処《いずこ》にありやと問わざるを得ないほど、虚仮的な相が顕著《けんちょ》なのではなかろうかという気がいたすことです。

蓮如上人の仰せに「聖教《しょうぎょう》をばよめども真実によみもせず、法義もなきは、聖教《しょうぎょう》よみの聖教よまずなり」と。私も含めて今更《いまさら》ながら、胸の突き刺される思いがいたします。「後生の一大事」とは死後に解決すべきことではなく、今、決定《けつじょう》すべき問題であります。今生《こんじょう》の自己を疎外《そがい》して、どうして来世に幸福がありましょうか。名誉や地位や財産が、後生の一大事に、どれほどの価値がありましょう。絶対の幸福とは、それは念仏者としての自覚そのものでありましょう。

創価学会はとかく批判されがちではありますが、創価学会員を批判するまえに、まず自分がどうかと反省すべきではないでしょうか。たとえ、それが仮偽《けぎ》の教学でありましょうとも、大いに学ぶべき点が多々あると存じます。今日の創価学会は一朝にして成ったのではなく、それにはそれなりの血のにじむ苦労がありました。現在も躍進しつつあることを思いますとき、彼らには「王仏冥合《みょうごう》」という、世界人類の幸を願っての使命感があればこそであります。すべての事象が因縁成就《いんねんじょうじゅ》に基づくことを思えば、謙虚に自他の現実を見つめるべきでありましょう。

私は「虚仮《こけ》の宗教から真実の宗教へ」と申しましたが、真実であればあるほどに、

「自信教人信」の実践性が具現されなくてはならないと思います。それが念仏者の報謝であると信じます。私たちが口にする恩徳讃は、単なる唱和のみに終始してはならないと存じます。

「真実」とは、虚仮《こけ》を包摂《ほうせつ》し尽くした活動体でなくてはならないと思います。お粗末な私ゆえに、心に想っていてもじゅうぶん言葉で表現し得ない不甲斐《ふがい》なさに戸惑い、浅学非才を恥ずかしく存じます。

最後に、この小冊子が出版されるについて、ご縁を結んでくださった習礼所《しゅらいしょ》の有馬先生、本山でご活躍の小泉宗和先生、また直接出版にご尽力賜わりました編集長、業務担当の諸先生に、心から厚く御礼申し上げます。

昭和五十一年九月

明教寺にて

丹　山　劫　照

（『本願の証し——創価学会から浄土真宗へ——』より所収
一九七六・一〇・五　本願寺出版部　編集・発行）

愛語聴聞

「大悲無倦常照我」（親鸞「正信偈」）

新興宗教にいたときは多くの念仏者を折伏して如来へ弓を引いたのに、ひとつも罰は当たっていない。極重の悪人をこれでもかこれでもか、と如来さまの大慈悲はずっと照らし続けてくださっていることを年経るごとにますます深く感じ、正信偈のこの一節の通りだと実感している。

いま思えば、新興宗教に入ったのは真宗に出遇《あ》わせてもらう方便であり、如来のお手回しだったとしみじみ思う。門徒さんも一生懸命に寺を盛り立ててくださるし、人生の尽きるまで全力投球しないといけないと思っている。

（『中国新聞』「洗心——教えを伝えて㉜」　一九九八・三・一七）

第二部　教団改革

無知なる者の願い

「真宗と商《あきな》い」というテーマで何か述べよということであったが、念仏者における商いというものは、要は買う人の身になって商いをせよということであろう。

真宗の教えというものは、他宗とは違い、自己本位に立脚した願いとか、祈りによるものではなく、自己が目覚《めざ》める教えなのである。

仏陀を覚者と申しあげるように、仏教とは、仏が仏に成るために説かれた教えであると共に、自己の本来の姿を自覚する教えでもある。そこに自《みずか》らの立場がハッキリしてくる。そこに、自分の愚かさと反省、サンゲが芽生えてくる。ただ自己のみの幸福を求め、他を善しとしないようなものは、仏教ではない。周囲を見ても、神社・仏閣における祈禱札《きとうふだ》にしても、他をかえりみない、自分さえ助かればよいという自己本位のものである。そこには仏教というものがまったくないと言っても過言ではあるまい。

念仏者の商いもおのずと買う人の身になる立場が、商いのうえにも、それが示現されてくるのではないかと思うのである。それが私の商いに対する想いである。私のような奴には商いなど縁遠いものであるから、これぐらいで勘弁していただきたい。

それよりも、この紙面を借りて私の考えを申しあげ、そして誤りがあれば、叱正《しっせい》をたまわりたいと思い、厚顔《あつかま》しくも己《おのれ》の非才も考えずにペンを執《と》ったわけである。

かつて、私は創価学会に籍をおき、念仏無間を叫んで折伏に邁進《まいしん》してきた、罰当《ばちあた》りの奴である。ずいぶんと念仏者を折伏してきた、その罰当りの、如来に弓を引いた私が、いま生かされていることの喜びは、言葉では言い表せるものではない。

善き人との出会いにより、お育てにあずかり、いま真宗の僧侶の一人として勤めさせていただいているのであるが、僧侶といっても一昨年、得度したばかりであり、これから申しあげることについても、多分に間違いが多かろうと思う。その私が今の教団なり、僧侶のありかたをみて、我慢がならないのであるが、反面において、私自身は親鸞聖人のみ跡《あと》を慕えば慕うほど、袈裟《けさ》が重くなり、僧侶であることを息苦しく思う昨今である。

私は何も知らず教団の一員となった。創価学会にいたころは、もっと立派な教団であるとの期待があった。しかし現実は、創価学会以下の教団である（教団というのは、僧俗全部）。

口先の教えのみであり、そこには実がない。これはハッキリ言える。得度したときから、情けなく思ったぐらいである。こんなことを言うのもいやなことではあるが、習礼所《しゅらいしょ》の教師たるものが、非番とは言え、職員が酒を呑み本堂に入ることなど、許せるものではない。そんな教師がいて、ほんとうに僧魂というものをたたき込めるのか!! なんのための剃髪《ていはつ》か、なんのための袈裟か、なんのための法衣《ほうえ》か。

教えというものは、人によって伝わるものであるが、そんな人間が、いくら上に立って立派なことを喋《しゃべ》ってみたところで、私たちの心に響いてはこないし、そういう人間こそ憐《あわ》れにさえ思える。すべてとは言わないが、在家と出家との区別といえば、ただ衣を着ているか、いないかの違いであり、何ら出家としての自覚がない。そういうところに、この教団の弱さがあるように思える。兵隊に突撃をかけても、指揮官が酒を呑んでいては、兵隊は命を捨てる気にもなるまい。かえって、後《うしろ》から兵隊に撃《う》たれることさえある。

東本願寺の紛争のように、そういう危険がこの教団にもある。僧俗一致といいながら、同朋教団といいながらも、衆徒《しゅと》という悲しい差別があり、私の友人など、ずいぶんとひどい目に遇っている人もある。役僧《やくそう》と呼ばれて、まるで人間ではなく品物のように扱っている住職さえあることは、悲しいことである。

教団の近代化を叫ぶのはよいが、明治の徒弟《とてい》制度のようなものに甘んじているようでは、「近代」もあるまい。先ず自分の足元を見よ、古い因襲にあぐらをかき、なんの改革もなされてない現状は、情けないというよりも、泣きたいぐらいである。

私は大阪教区の明教寺という寺に衆徒として入り、寺に寺族と共に起居している。

先般、住職が亡くなられたが、その住職の私に対する態度は、同じ伝道者として平等の扱いであり、寺に講師で来られる諸先生が感心せられるほどである。酒もタバコも一切やらず、如実に少欲知足を実践された方であり、自坊のご門徒にかぎらず、すべての人が認めるところである。

その住職が、以前『中外日報』に、「同朋教団における「役僧」の意味するもの――その非本来性への省察――」という題で述べられたことがある。

浄土真宗は、僧俗ひとしく聞法者であり、伝道者であるところの同朋教団と言われる。しかるに、教団内における僧俗の別はさておき、僧侶の本分を同じく体し、得度受式において度牒《どちょう》を授けられて、伝道教化に専念している教化者のなかにあって、「役僧」という呼称が無反省に慣行・踏襲されていることは、教団の現状を顧みるとき、ゆゆしき問題であるということができる。

元来、「役僧」とは、辞典によれば「寺院において諸種の事務を取扱う僧、事務僧」とあり、現実には多くの場合、儀礼執行上の補助的役割を果たすというほどの意味かも知れないが、そこに、従来の教化者活動態における問題点、いわゆる儀礼偏重の道心なき、名のみの僧侶といわれる一斑《いっぱん》がうかがわれる。

僧侶は、言うまでもなく、単なる儀礼執行者ではなく、「自信教人信」を身口意《しんくい》の三業を通して実践し、布教伝道に生命をかける教化者である。ややもすれば、住職のなかには、僧侶の本分という原点を没却し、役僧のイメージが、教化者の人格と重なり難い点を放置して、封建遺制の旧来意識と処遇を門信徒にまで及ぼし、法義を冒瀆《ぼうとく》している事実を見聞するのは、極めて遺憾《いかん》である。もっとも、万衆の僧侶のなかには、前時代的な先輩や、各自に多様な人格と個性をもった僧が混在して当然ではあろうが、あるべきすがたを指向して、あくまでも枉《まが》れるを直《ただ》してゆかねばならないであろう。

教化者の基本は、僧侶・寺族の日常的言動につきる。もしも所属の門徒のなかで、法義を逸脱する者があれば、その苦痛を共感し、ともに悲しんでこそ、僧俗一体の同朋教団ではなかろうか。

われわれは及ばずながら器量相応に祖意《そい》をたずね、実践する道すがらにおいて見聞する問題点は、看過《かんか》されることなく、自他の研鑽《けんさん》の場に提供されねばならない。そして、いやしくも、高潔なる志をもって日夜精進される宗門有為《ゆうい》の人材をして、毀損《きそん》せしめるようなことがあってはならない。

われわれの人間関係は、いつ、いかなる場合においても、浄土真宗のみ教えにおいて結ばれ、そのみ教えによって人生を荘厳《しょうごん》すべく、力をあわせて努力する一点にのみ集約される。

今日、宗門人にして古俗の人びとから批判される事象が少なくない。親鸞聖人が、巷間《こうかん》、僧侶不在の場において讃嘆《さんだん》される反面、その末弟の僧侶が世上より批判されることは、自ら省みて悲しいかぎりである。

しばしば耳を打つ「坊主も人間である」ということばは、何を物語るのであろうか。「ともにこれ凡夫のみ」と同じであろうか。両者のニュアンスの相違を、ここに喋喋《ちょうちょう》するまでもなかろう。

「親鸞聖人の開かれた浄土真宗こそ、名実ともに真実の教えであり、真の仏法である」と、求道精進と伝道の情熱を燃やしつつ、その宗風を慕って僧侶となり、その眼に映じた宗門内の情景は、いかなるものであったであろうか。このような真摯《しんし》な僧侶をして、あるときは失望し、落胆せしめ、あるときは悲憤慷慨《こうがい》せしめるものであったに相違ない。

僧侶に対する蔑視の根源が、いずこに存するか。在職歴ながき先輩僧侶こそ、お互いに深く内省慚愧《ざんぎ》しなければならないと思う。

以上が住職の絶筆となった遺稿である。

私は幸にして善き住職に遇えて、多くのことを教えられた。それも言葉ではなく、その日常生活での立居《たちい》振舞いによってである。私のような無知な奴には、これほどありがたい教えはない。今もご住職は私の心の中で生きている。

住職が肝硬変で吐血して倒れ、キリスト病院に入院したが、そこでの六カ月の闘病生活においても、何ひとつ苦情も訴えもなく、常に他を思いやった人である。キリスト病院の職員は、そのほとんどがクリスチャンである。この異教徒をして、「さすがは僧侶」と感嘆せしめた人である。遺稿に述べておられるように、「坊主も人間である」という世俗の人の言葉を、見事に斬《き》った人である。〝非俗〟を見事に体顕《たいけん》した人である。このことは、お世辞でもなんでもない。このような人がこの真宗教団に、どれぐらいおられることか。

〝人の痛みを知れ〟、鎌倉時代における各宗の誕生は、為政者の援助なりによって、日をみるに至ったが、真宗の発展は、泥に咲く蓮のごとく、生活の苦しみのなかにあった農民のなかから昇華したものである。

現実は、どうか。そうではあるまい。創価学会に入信する多くの人は念仏者である。それも生活が貧しく、あまりかえりみられなかった末端の門徒に多い。説教を聞きたくとも、生活のため残業せねばならず、一切《ひときれ》のパンを求めて、必死であった人が多い。

僧侶が（全部とはいわないが）TVをみたり、酒を呑んでいる間にも、創価学会員は夜おそく折伏に出かけ、日蓮正宗の教えを説いて廻ったのである。創価学会の教学というものは、僧俗の別がない。創価学会（以下学会という）には、教学部員という制度があり、師範ともなれば僧侶も太刀打《たちう》ちできぬぐらい精通し、実践している。

真宗の教義というものは、僧侶だけにあって、広くご門徒のものになってないように思える。ご門徒のなかでも、二双四重《にそうしじゅう》の教判を話してみても知らぬ人が多いが、学会では二重相対という教判は、八十のオバアサンでも教学部のものであれば誰でも知っている。教学試験ともなれば、道を歩くことのできない老人でも、孫の手を借りて受験に来る。字をあまり知らない老婆が、中学校の校長先生を折伏しにきた話もある。

要は理屈や形じゃない、ということである。外見が立派な七条袈裟を着ていても、中身が問題なのである。教化者とは、体で示すことである、口先ではない。真宗のみ教えは、口先のものではなく、体で知るものであると私は思う。親鸞聖人の肉食妻帯《にくじきさいたい》も、在家仏教の教えを、天下に命をかけて体顕《たいけん》されたことである。

聴くということは、耳で聞くことではあるまい。聴くということは知るということであり、知るということは〝成る〟ということではないか。

〝成る〟、口ではどうでも言えるが、実際は思うようにならぬ。そこにサンゲがあり、あすこそは、と日々の己の誕生なのである。〝前念命終《みょうじゅう》〟なのである。〝後念即生《そくしょう》〟とはいかないまでも、そうありたいと願い、逆に走る己の本性をみつめて、更《あらた》めて、如来のお慈悲に目覚め、その連続が仏道なのである。念仏とは、己がズタズタに斬《き》られてゆくものであるべきだ。

念仏とは、浄土行きの喜びの念仏なのが多い。仏道というものは、「頼め、救ってやる」という教えなのであろうか。釈尊の金言《きんげん》には、一字もそのようなことは説かれてない。己がズタズタに斬られて、どうしようもない私として気づかせていただいたときに、初めて仏のお慈悲が知らされるのではないだろうか。どうしようもない、ギリギリの命をかけたときに、「仏心とは大慈悲これなり」が知らされると私は思う。

そして、世の事「そらごと、たわごと」と俗世間を斬《き》って、「念仏こそ実《まこと》」の出世間に入るのではないか。浄土とは、彼方《かなた》ではなく、今なのである。今がなければ、未来はない。今があればこそ、未来があるのである。たとえ貧しくとも念仏者の生活は、心は浄土に生まれた人間なのである。平生業成《へいぜいごうじょう》の私なのである。

どうせ、私は死ぬのである。死は確実に来るのである。人間が生きているということほど、頼りにならないものはない。吸う息、吐く息が止まれば終りである。

その頼りない、生きるということに、人間は一生懸命である。人を傷つけ、人を押しのけ、自分さえ幸せになりたい、そのことに一生懸命である。しかし現実に、確実に来るという死を忘れてのことである。真宗のみ教えは、その不確実な人生が転じて確実な人生となる。

念仏者は死を恐れず、来迎《らいごう》、頼むことなし。それをしっかり腹にすえたときに、大地をしっかり踏むことができるのである。生きる力ができるのである。一日一日が意義あるものになるのである。

念仏は死後のものではなく、今なのである。釈尊の教えには、未来の教えは何ひとつない。

ところが、ご門徒の方《かた》（老人の方に多いが）の話は、そうではない。早くお浄土に参りたいとか、念仏することが浄土への切符のように思っておられる方《かた》が多い。私が僧侶になって、いちばんに驚いたことはこのことである。お説教があるといえば、すぐ寺にいく方がたばかりであるにもかかわらず、いったい、これはどうしたことか。

真宗の教えは、そんな教えではないはずである。私は真宗を学んで三年、真宗のなんたるかを知らないけれども、ご門徒の姿をみて理解できぬことが多い。いったい何を教化されていたのか、更《あらた》めて教団の学者さんに聞きたいのである。創価学会は発足してまだ日が浅いが、まだ少しはましである。かれらはその信仰を選び取っている。

檀家が多いといって誇りにする人があるが、檀家の数ではなかろう。要は、念仏者としての自覚にある。ただ単に、寺の本堂に人が集まればよいということではあるまい。確かに、檀家が多いということは、経済的に恵まれるが、それでは、寺の本堂というものは道場ではなくして、世渡りの場としか言えないのではあるまいか。

蓮如上人は「一宗の繁昌と申すは人の多くあつまり、威の大なる事にてはなく候、一人なりとも、人の信を取るが、一宗の繁昌に候」(『御一代記聞書』末)と述べておられるが、今はそうではなく、一人でも檀家の増えることに努め、その信云云《うんぬん》ということが問題とされていない。

仏壇をみても、荒神《こうじん》さまを祀《まつ》り、仏教とは何ら関係のないものまで、混在して祀られてあるのをみる。よくそれで、お布施をいただいているものだと思うのである。胸が痛まないのが、不思議である。いったい、住職の方がたは何をしていたのかとお聞きしたい。教団改革はとりも直さず、自分の足元の改革である。

大坊だけが立派じゃない、田舎の貧しい寺にこそ、立派な方がおられるように思えるのである。〝異安心《いあんじん》〟だとか、何とか言って、人の言動にとやかく言う人もあるが、それは学問的なもので、信心とは、そんなものではないと思う。要は自分がどうかということである。異安心とは、宗義に反することをいうのであろうと思うが、ただそれは、文字の世界ではなく己の立居振舞《たちいふるま》いにも及ぶのではなかろうか。

宗会議員の選挙ともなれば、聞くにつけても、全く世俗以下の僧侶の行動には、ただただ、あきれるばかりである。投票の依頼として、いろいろのものが送られてくる。一般の公職選挙では罰せられても、宗門には罰則というものがない。ないからと言って、それに胸を痛めず堂々と違反運動をやる坊主の根性というものがあるかぎり、宗門の繁昌はない。

五濁増のしるしには
この世の道俗ことごとく
外儀《げぎ》は仏教のすがたにて
内心外道《げどう》を帰敬《ききょう》せり

よくよく胸に手を当てていただきたいものである。外道の姿こそ、異安心そのものではないか。そんなものが宗門の発展を願って、議員になってみたところで、なんになる。形じゃない、地位じゃない。信心そのものが、宗門の繁昌なのであると信ずるのである。宗祖は我が子である善鸞師をも義絶されたではないか。

本当に、この教団はクサリ果てているとしか言いようがない。教団の発展は、信をおいてほかにない。やってやれぬことはないのである。

「至りてかたきは石なり、至りてやはらかなるは水なり、水よく石を穿《うが》つ、心源もし徹しなば、菩提《ぼだい》の覚道何事か成《じょう》ぜざらん」

なのである。

信心とは、命をかけたものである。帰命《きみょう》なのである。人間はいずれ死ぬのである。わずかの人生で何を血迷い、世俗の世界に甘んじ、目先のことに血迷うのか。浄土真宗は在家仏教だからと言って、世俗にあまりにもつかり過ぎてはいないのか。

念仏の弾圧に、猛然と立ち上がり

「汝経釈《きょうしゃく》の文をみずや、われたとひ死刑におこなはるとも、この事いはずばあるべからず」

と叫ばれた法然上人をみよ。教団改革もそうなのである。

むつかしいことは知らん!! しかし、この現状でよいのか。その腹の底から、宗門のことを思えばこそ、私は私なりに、愚かな奴なりに、頑張っているのである。

往生とは何か。「往生とは浄土に往って生まれる」のであって、それは成仏したことではあるまい。往生と成仏とは違う。浄土というところに生まれて、そこで化生《けしょう》して成仏するのであって、浄土に往くということは確実であっても、成仏するということは言われてない。それを、念仏することによって成仏するという誤解があって、観念的な念仏になり、そこに己を律するものがないように思うのである。

そう思ったときに、私自身まことに、お恥ずかしい私なのであるが、「仏道とは心との闘いである」と言った人があるが、そうであろうと思う。高い次元の教義的解釈は、私にはわからないが、しかし、己のだらしないところは、私自身が一番よく知っているし、私自身を欺《あざむ》くということは、如来にも欺くということである。

他力本願とは、他から物理的な大きな力によって救われるように思っておられるご門徒の方が多いように感じるのであるが、他力、自力は仏の世界から言い当てられたことであって、自力も満足にできないものが、如来の本願を理解できるはずがない。仏道とは精進をぬきにしてあり得ない。精進のないところに浄土の教えはあり得ないと思うのである。『大智度論』において龍樹菩薩は、「仏法の大海は信を以て能入となし、智を以て能度となす」と述べておられるように、世俗を超えたところに、本当の念仏、まことの世界があるのではなかろうか。身、口、意の実践において、本願のまことが知らしめられるのであって、ただ理を求めてのみの念仏は、空《から》念仏に等しいと思うのである。

自信教人信は、菩薩道の実践である。私など学会におったとき、地涌《じゆ》の菩薩であるという自覚があったが、それは横すべりしたものであったに違いないが、「衆生を誘いつつ、ともに彼岸に渡る」ことなくして、本当の念仏者とは言えないのである。「人の痛さを、我が痛さと知れ」が、ない。形ばかりの非僧の僧侶が多いのが、悲しいことである。

人の痛みを我が痛みとしたところに、本願があり、その流れをいただく我々が、この混迷した世に、いかにかかわっていくかが、これからの私の道であると肝に銘じている。

「坊さんも人間」という言葉をよく聞くが、それは僧侶を軽視した言葉であり、そこには僧侶に対する信頼というものがない。私はこの言葉を聞くにつけ、ずいぶんと憤《いきどお》りを感じたものであるが、今、おのれ自身のことを胸に当てて考えてみるとき、在家者と何ら変ったことのない自分に気づかされるのである。「坊さんも人間」という底には、私自身の不浄さを痛感し、僧侶であることを恥ずかしく思う。

人に教化するということは、とんでもないことではあるが、宗祖が九歳にして出家されてのち、叡山にて修行されること二十年、転迷開悟のために身命惜しまず精進されたのであるが、しかし、悟りを開こうと努力すればするほど、悟り得ぬ自分自身に目覚められ、そして善き人との出会いによって、如来の真実に合掌されたのであるが、ここにまで至る、聖人の厳しい自己をみつめる真摯《しんし》なお振舞いは、とても常人によりて、なし得るものではない。聖人のことを語る人は多いが、それは聖人にして言えることであって、聖人はこう仰せられているから、こうであるのではなく、ただ聖人のみ跡をお慕いするばかりである。

信心とは個人の問題であって、日常の生きざまにおいて、いかに生きるか、各人が器量に応じて、精進するべきだと私自身は思っている。

教化するというのではなく、自分自身の体験を通じて、その信心の告白というものが、本当の伝道ということではないだろうか。理屈はいくらでも言えるが、キレイごとではない、己のほんとうの、みにくい姿をさらけだす。そして自分の領解《りょうげ》を聞いていただく。ただ高座にのぼって説教することが、ほんとうの伝道教団と言えるだろうかと思うのである。前を見せて語るのではなく、後姿《うしろすがた》の己の姿を見てもらうところに、意義があるのではないだろうか。その姿をみて、「坊さんも人間だ」と言われない、何かがあるはずである。これは私の一生を賭けての問いである。

私は教団の一人の僧侶であるが、僧侶になることによって不浄を見た。そして、どうにもならぬ私を見た。むしろ、在家のままの生活をなつかしく思う。在家であることによって不浄を見ないで済む、そんな気がする。私は私自身に正直でありたい。ニセ者になりたくないと常に思いながら、「恥づべし、傷《いた》むべし」は、私に与えられたお言葉と、肝に銘じている。

（『教団改革』第21号　一九七八・七　教団改革をすめる会）

活かされて

今から三年ほど前のことであるが、ある真宗僧侶研修会に招かれて請《こ》われるままに、私が念仏者たる身に育てられた道程というものを申しあげたことがある。大略すれば「私がキリスト教から創価学会に入信し、その学会の活動のなかで本願寺折伏を決心して、当時、本願寺布教使で『創価学会は仏教に非ず』の本を書いた嘉戸大恵師と、本願寺にて対決した。そして師の導きにより真実に目覚めさせられた。真宗の真実に出遇うまでの二十余年の間は無駄であったようであるが、実は真実に遇わしめんがための、如来から廻向された道であった。無駄が無駄でなくなる真実の働きは、まさに今現在説法であり、もし如来の活動なかりせば、曠劫来《こうごうらい》流転《るてん》の暗黒の世界の私であり、この歓びは人に語らずにはおられない」

と話を結んだ。後に質疑応答の場で、某住職が次のような質問を私に投げかけてきた。曰く

「貴方はキリスト教から創価学会、そして浄土真宗に帰依する身となられた。その話はよくわかったが、今度浄土真宗から他の宗旨に変わるということがないか」

という問いである。私はこの質問を受けて、呆然《ぼうぜん》とした。

私はかつて念仏無間を叫んで、念仏ある人を折伏してきた。私が本願寺に折伏に出かけたのは、念仏者となるために行ったのではない。むしろ私にとっては、決死の覚悟で出かけたのである。当時一千万の信者ありと豪語した学会員のなかでも、本願寺に折伏に出かけたのは私一人である。当時の私は「日蓮が弟子なら日蓮の如く候え」の遺訓を如実に実践したのであり、決して名聞《みようもん》名利《みようり》の私心はなかった。『法華経』を捧持しての対決であったが、その私が今、浄土真宗の僧侶の末席に加えられている現実は、私自身すらも想像し得なかったことであり、『法華経』が念仏に摂取されたと

仰ぐものである。もし真宗の真実の教えに遇うことがなかったら、自己に目覚めることなく、暗黒の世界に流転する私であった。その私がと思うときに、超発希有大弘誓《ちょうほっけうだいぐぜい》、今現在説法《こんげんざいせっぽう》に救われたものである。如来の御弟子を折伏し、念仏無間を叫んで、正法誹謗《ひほう》した私が、本願力のお慈悲に救われたのである。しかし、この住職は本願を疑っておられる。如来の大悲に共に歓ぶ姿は見られなかった。悲しいことであった。本願の歓びなくして、僧侶がいくら聖教《しょうぎょう》を読んだところで、それは説明に過ぎず、泳げぬ者が溺《おぼ》れる者を救うがごときものである。

祖師は「弟子一人も持たず」と共に歓び悲しみたもうのである。温い血の通う想いがする。

以前、創価学会（以下学会と略す）の座談会で真宗から入信してきた人の体験発表の談に、「私は今まで、寺のことといえば、自分なりに一生懸命やってきた。家は貧乏だが、精一杯のことをやってきた。ところが、私の勤めている会社が倒産して、給料も貰えず、あすのことにも事欠くようになった。その苦しい生活のなかから、逮夜《たいや》詣《まい》りに来てくださったご住職にお布施をしていた。ご住職は外車に乗って来られる。だが私がどんなに苦しくとも、口先だけの慰めで何ひとつしてくれなかった。その時に、ご近所にいた学会の人が非常によく世話をしてくれた。公明党議員さんまで来てくだされ、就職の世話までしてくださった。大勢《おおぜい》の学会の方が米や野菜を持って来てくださったり、本当にうれしかった。「地獄で仏」の想いがした。寺ではずいぶんに学会の悪いことを聞かされてきたが、現実はどうか。私は宗教のことはあまりよく知りません。しかし現実の姿をみて、私たち親子四人を自殺から救ってくださったのは学会員の皆さんでした。人がどう言おうと、現実の世界で救われてこそ、本当に教えそのものに意義があるのではないか、私はそう思って、学会に入信しました」と語ってくれたことがある。

いま教団の一人となってみて、同朋教団といいながらも、そこにキメの細かい温さがないことを痛感するのである。その行動について、教団ははるかに劣るものがある。如来の大悲をいただく者にあっては、日常生活の生き方におのずと体現されてくるものではなかろうか。同朋といいながらも、「役僧《やくそう》」という差別に、ずいぶんとニガイ想いをしている人もたくさんある。教えのみ厳しくとも、自己に対する厳しさというものが欠如《けつじょ》している。解《げ》のみあって、行《ぎょう》がない。理（解）は信（行）を求め、信（行）は理（解）を深めていくのが、仏法の道理である。

祖師の嫌われたものに三つあると七里恒順和上が言われる。それは一つに疑心、二つには懈怠、三つには悪心、また、好まれたものに三つあり、一に信心、二に念仏、三に善心とか。疑心を翻《ひるがえ》して信心につき、懈怠《けだい》の心に鞭《むち》打って念仏相続して、悪心を転じて善心につくが念仏者である。『御文章』のなかに、御正忌《ごしょうき》に関する神明三ヶ条や六ヶ条の意味にも通ずとか。悪人とは仏から言い当てられた安心《あんじん》のことであり、人間生活での倫理とご安心とは、混同してはならぬ。仏道の肝心は求道に精進《しょうじん》すべきであり、ご安心とは水際《みずぎわ》だてて区別すべきものである、と私は思うのである。この世を穢土《えど》といい、真実の世界を浄土という。しかし穢土に住するがゆえに、真実に遇えたのである。このことを忘れてはなるまい。穢土なるがゆえに、人間として可能なかぎり、その責務を果さねばならぬ。僧侶も僧侶としての本分を、人それぞれに、その本分に向かって、精進せねばならんのではないか。

私も創価学会に入信することによって、浄土真宗の真実に遇えた。仏法は人間が仏に成ることであり、病気を治すためのものでもなく、商売が繁昌したりするためのものではない。願い・祈りではなく、仏法は真実の自己に目覚めて仏に成る教えであることを知らされた。私は折伏という学会活動の中で、真実の教え（浄土真宗）に遇えたものである。私は決して学会を足蹴《あしげ》にするのではなく、むしろ感謝する者である。むしろ、逆折伏することが学会に報いることだと思う。現在私は、反創価学会協議会連盟（東京都世田谷区奥沢二ノ十三ノ三　中村ビル二〇二号）に在って、運動している。

私はながい学会生活で、真宗教団にないものを学んできた。（今にして考えてみると、真宗教団の真似《まね》をしたのが学会ともいえる。）日蓮の教えを色読《しきどく》するということを叩き込まれてきた。当時は巷《ちまた》では、学会員の姿をみて「仏法狂い」と沙汰した人があるが、日蓮正宗の信仰のない人には、そのように見えたかも知れないが、学会員にとっては当然のことである。人にそう思われるほどの行動は、欲得でできるものではない。常識を超えたものである。弥陀の誓願は超発希有《ちょうほっけう》の大弘誓《だいぐぜい》にまします。そのお流れをいただく念仏者に、いまだかつて、分別を超えるほどの行動をしている人を見たことがない。私の知るかぎり、常識の世界に留まる耳同行、物知り同行ばかりである。燃えるものがない、情熱がない、老いた教団のように見えるのは、私のヒガ目であろうか。伝統にあぐらをかいた抜殻《ぬけがら》のようにも見える。念仏が生かされているのみで、活かされてない。活動されてない。

伝道教団といいながらも、伝道というものが活かされてない。十数年前に学会にいた私が、そこで体験した真宗門徒は名ばかりにして、門徒として他宗と真宗との立場というものが全く理解されておらず、ただ家が浄土真宗というだけで、私の信心とはなっておらず、マンネリ化した、形のみの信仰であった。念仏すれば救っていただけるというだけの、棚ボタ式の惰性的な、精気のないものがほとんどであり、私どもが折伏に出かけても何らの抵抗もなく、むしろ反論し抵抗してきたのは、立正佼成会であり、霊友会であったように記憶する。当時私は、既成教団の僧侶はいったい何を今まで教化してきたのかと憤りを感じたほど、門徒をして無能な姿を見て、憐れと同情さえ懐いたほどである。

あれ以来十数年たつが、今日に至って教団の姿をみるときに、何ら変わってないことに気づかされるのである。学会を支えているのは教学部員である。教学部員が学会の中心であり、もちろん公明党議員の全員が、かつては教学部員の中心であった。自己の信仰の教学的な確立があればこそ、今日の学会の繁栄の礎《いしずえ》となったことには間違いない。学会の教学部員ともなれば、僧侶の持つ教学的レベルとあまり差がないように思える。学習を実際に座談会の場において実践する。門徒にはそれがない。今こそ伝道の重大さを痛感する。家制度が亡びつつあるときに、伝道を強力にせねば、教団は退化するばかりである。今の門徒の行動をみるときに、異教徒と何ら変わりなく、真宗の特色が発揮されてない。

「信をとるものあらば命を捨てよ」とは、蓮如上人の仰せである。

「学生貴クバ頌詩ヲ能ク作リ、文ヲ多ク暗誦シタル白楽天、小野篁ナドヲ貴ムベシ、サレド詩賦ノ芸ヲ以テ閻老ノ捧ヲ免ルベキナラズ、サレバ能僧モ徒事ナリ、タダ仏ノ本意ヲ知ランコトヲ励ムベシ」と。理屈ではない、実践である。活動することである。言葉ではなく、大衆の悩みに応じていくことである。大衆の悩みを機敏に捉えて、対応の迅速なのが現在の新興宗教であり、既成教団は、はるかに劣ると言っても過言でない。既成教団が軽視した新興宗教が、いかに発展してきたかということを思うときに、休みなき活動があったからである。

祖師は「慚愧《ざんぎ》」という文字を使われてある。「慚」とは心を斬《き》ると書く。念仏は己の心を斬られていく痛いものでなければならない。しかし門徒には「痛み」がない。念仏すれば救われるという悪人正機の歓びだけである。念仏とは自己が崩れていく痛いものであり、「仏法は息のつまるもの」であってこそ、本願によって救われていく、「信心によって御慰み候」との歓びがある。ところが、この痛みなくして棚ボタ式の口を開いて待っているという情けない門徒があまりにも多い。「愧」は己の過ちを、他にさせまいとする働きである。即ち活動である。「慚愧」の心なくして、伝道はあり得ない。

祖師は「弟子一人も持たず」と仰《おお》せである。教化者の立場はない。共に如来の御弟子である。「慚愧」の心あるがゆえに、である。教化者としての意識あるものには、伝道はなし得ない。浄土真宗は、すべてが師である。向こうの家の破れ障子を見て笑っていた者は、実は自分の家の破れ窓から眺めていたという話があるが、いかにも味わうべきものがある。自身の慚《ざん》なくして、真実の愧《ぎ》が、働くわけがない。蓮如上人は「仏法ノ少ノ違ヲ見テハ、アノウヘサヘ、カヤウニ候トオモヒ我身ヲフカク嗜《たしな》ムベキ事ナリ自己ヲ嗜メ」と厳命されてある。私は決して高上りしてこのように言うのではない。あまりにもヒドイ門徒の姿を見て、言わずにはおれないのである。

「響流《こうる》十方」を妨《さまた》げているのは誰か、と言いたいのである。私のような奴が念仏させていただくのである。専修《せんじゅ》正行の大法が、なぜ弘まらぬのか、不思議である。「一宗の繁昌と申すは、人の多くあつまり威の大なることにてはなく候、一人なりとも、人の信を取るが一宗の繁昌に候。然れば、専修正行の繁昌は遺弟の念力より成ず」。念力とは、信心であることは言うまでもない。寺は道場であり、寺族を養う場ではない。「おほよそ造像、起塔等は弥陀の本願にあらざる所行《しょぎょう》なり」と、道場の意義を問うておられる。「弥陀の本願にあらざる所行」とは、何を意味するのか。本堂に留まることなく、外に出て念仏を宣布せよ、とのことであるといただくものである。

新興宗教は、足の布教である。寺は心の依り所、伝道の拠点であり、その行動を言葉悪く言えば「攻め」の布教である。教団は門弟を守るのに必死の、「守り」の布教である。愚かな私の思うことであるが、考えてから走ったのでは遅い。走りながら考える。実行せずに後悔するよりも、実践して後悔する方が進歩がある。表現は悪いが、何か教団の行動をみていると、役所仕事のようで機敏を欠くものがある。どこかでパイプのつまっているような感じがしなくもない。

「譬《たと》え牛盗人といわれようとも云々」と仰せられているが、それは真諦《しんたい》の立場であり、伝道とは別であることは、先に述べた通りであるが、祖師が『教行信証』の化土巻で「陰陽道《おんようどう》や宿曜道《しゅくようどう》の如きは邪義なり」と厳しく排除されてある。門徒式章をかけ運転する人の自動車には、お守札がなんの抵抗もなく吊り下げられてある。「五濁増のしるしには、この世の道俗ことごとく、外儀は仏教のすがたにて、内心外道を帰敬せり」と嘆いておられる。「悲しきかなやこのごろの」とは、今のことである。「如来の遺弟《ゆいてい》よ悲泣《ひきゅう》せよ」と仰《おお》せであるが、祖師の意を何人の人が守り得ているであろうか。

僧侶とは名ばかりではないのか。六十二見九十五種もある邪道に対して「真の仏弟子たれ！」と叱責されている。申すまでもなく、周囲は仏教を装う外道《げどう》の充満である。この外道に対し、念仏の大法を宣布せずにはおられない。その必要なしと言われた和上がおられるが、それは溺《おぼ》れるものを救わないのと同じである。「仏心とは大慈悲是れなり」、仏に活かされる念仏者なれば、溺れるものを捨てるわけにいかぬ。称名の「称」とは叶《かな》うの意であり、「名」とは六字のお名号である。称名とは、仏に叶うということである。活かされる私である限り、行動させられる私である。

祖師の「非僧非俗」は、いろいろ解されているが、私は祖師の「非僧」は、在家に対しての出家という区別、相対的なものではなく、出家・在家を超えた「非俗」であるといただくものである。在家止住《しじゅう》の障《さわ》り多き営みのなかで「薬ありて毒を好むべからず」の、厳しい自戒の生活であったと拝するのである。自から愚禿と名告りながら、恵信尼公は祖師を拝して、菩薩と仰がれた。十悪、愚痴の法然と言われながら、祖師は弥陀の化身と合掌せられたのである。『宗鏡録』に曰く、「悪心問にあれば愚を見る。又善心問にあらば仏を見る」とか。「仏身を観《み》るものは仏心を見る」。もう欺瞞《ぎまん》で動く時代ではない。現在を見ても、欺瞞は裁かれて、命を断っている。

「外儀《げぎ》は仏教のすがたにて内心外道を帰敬せり」。祈り・願いは気休めであるという。お守札も然り、気休めはごまかしである。朝露《ちょうろ》のごとき短かい人生に、ごまかしの生活があってはならぬ。五濁の渦巻く世相にこそ、真実が必要なのである。「如来に二種の廻向あり」。休む暇なしの活動である。私は「生かされて」いるのではない。「生」は「死」に対する相対語である。永劫《ようごう》に迷いつづけてきた私に、常に働きかけてくださった如来のご苦労を、いま気づかされたのである。迷いつづけていた私であるが、実は「活かされて」いた私である。往相還相《おうそうげんそう》の永劫に活かされていく私である。新しく生まれた私ではない。私自身の生きざまにおいて伝道がある。私が法を伝えるのではなく、そうせずにはおられない。祖師、蓮師の後姿《うしろすがた》を拝して、大衆は導かれていったのである。祖師のみ跡を慕いて行くばかりである。つまづき、ころび、傷つきながら、痛い思いをしながら行くばかりである。袈裟は重い。この重みに活かされている私である。

最後に、私が学会に入信したのは、教義を説かれて折伏されての入信ではない。ある一人の老婆の行動を見て、感動し入信した。この老婆から無言の折伏を受けたのである。一字も知らぬ老人が中学校の校長を折伏しに来た。学会の生活のなかで、「弘《ぐ》法《ほう》」は「躰《からだ》」ですることを教えられた。いま更《あらた》めて、その思いを嚙みしめ、己の心の汚れたるを知るこのごろである。

浅学の私ごときが、ずいぶんと生意気なことを申しあげたが、私は門徒の家に生まれながらも、父に連れられて寺に説教を聞きながらも、門徒であることを嫌った。それは僧侶の姿を見て、言葉と行動との相反するものがあったからである。法は人によって伝わりもし、また人によって貴くもあることを、善き人との出会いによって教えられた。いま私の生きざまをみて、「同行同侶《どうりよ》の目をはじて、冥慮《みようりよ》をおそれず。ただ冥見《みようけん》をおそろしく存ずべきことなり」に、ただただ平伏するのみである。

実践なき宗学は無用である。

教団改革は「威の大なること」ではなく、おのれ自身の改革であろうかと思う。

(『教団改革』第26号　一九八一・一〇　教団改革をすすめる会)

天女の願い

蓮敬寺本堂の欄間《らんま》には天女像が彫刻されていて、参堂される人びとは、そのみごとなできばえを賞讃しない者はない。彫刻の粋《すい》を結集して作製されたものであろうし、なぜ天女を選んだか、この欄間を寄進された方がたの願いが込められていることも忘れてはなるまい。

天女の言葉に
まごころの　光にみちびかれ
世の人の　くらしのために
日々の　つとめにいそしまん

「世の人の暮らしのために」天女は働く、何というおくゆかしい言葉ではないか。騒々《そうぞう》しい世のなかにあって、絶えず自己中心にすべてのものを考え、批判する眼《まなこ》しか持たない私には、天女の言葉に頭が下《さ》がる。自我の権化《ごんげ》のような私に、慚愧《ざんぎ》の心を呼び起こしてくれる。

（『蓮敬寺新報』第二号「あしあと」　一九八五・八・二五発行）

第三部　迷信列島ニッポン

仏教とは　無祈禱・無祈願の宗教

最近、さまざまな宗教が竹藪の筍《たけのこ》のごとく乱立して、善良な人々を悩ましております。それがいかにも仏教らしく装《よそお》い、言葉巧みにつかい、信者を獲得するために家庭もかえりみず懸命であります。

お経には、このような時代を末法と説かれており、日蓮上人も下剋上《げこくじょう》（逆さになる）と言われております。親鸞聖人も『和讃』のなかで

「悲しきかなやこのごろの
和国（日本）の道俗（僧も在家も）みなともに
仏教の威儀《いぎ》（姿）をもととして
天地の鬼神《きじん》（外道）を尊敬《そんきょう》す」

と哀《かな》しんでおられます。

釈尊が在世のころは、インドでは迷信が非常に盛んでした。釈尊の四十五年の説法は、迷信を除き真実を顕《あら》わすことに生涯を賭《か》けられたのです。八十年の生涯を閉じて涅槃《ねはん》に入りたもうとき、頭を北（北枕）にし、尊顔を西の西方浄土に向けられたのも、迷信をうち破るためであります。

釈尊が常に「願い・祈りにて物事が叶うのであるならば、川底の砂が浮かぶであろう」と戒められておりますが、今日の仏教徒は、釈尊の戒めを忘れているようです。

「鬼神（外道）乱れるが故に国乱れる」（『立正安国論』）

まさに、現在の世相が如実に示しているように思います。『阿弥陀経』には五濁《ごじょく》の世と示されてございます。

数年前のことですが、日本坂トンネルで数十台の自動車が衝突、炎上しました。そのすべての車に交通安全のお札《ふだ》が張られていたといいます。交通安全のお守りがあっても、役にたたなかったのです。

私たちがどんなに小さい電気製品を買っても、必ず保証書がついております。もし買った品物が欠陥品であれば、必ず完全な品物と交換してくれます。しかし、お札には何の保証もないのです。人は気休めといいますが、それはごまかしにすぎないのです。

今ごろは、学生さんは受験で大変でしょう。入試のころになりますと、合格祈願のお守りが売り出されます。なかでも、学問の神さまである天満宮のお札が人気があるそうですが、肝心要《かなめ》の菅原道真公は

「心だに誠の道にかないなば　祈らずとても神やまもらん」

と言われているのです。神に祈らずとも、一生懸命に勉学に励めと諭《さと》しておられます。お札を持ったり、買ったりすること自体が、菅原道真公の心に背くことにもなるのです。また「無病息災と祈る間に減る命」であることも、忘れてはなりますまい。

釈尊の説かれた教えは、決して願いとか祈りの宗教ではないのです。生死出づべき道を説かれたものであり、これについては次号で述べることにします。

ともかく、釈尊を仏陀（ブッダ）と申しあげますが、ブッダというのは、覚者、目覚めるという意味です。それは真実に目覚められたことであり、人間のありのままの姿を悟られた方であります。釈尊の最後のお言葉に「ダルマ（真実）を依りどころとして、自《みずか》らを灯明《ともしび》とせよ」と言われておりますが、現実の仏教の姿は、そうではありません。日本に観光に来た外国人が口を揃《そろ》えて「日本には優《すぐ》れた仏閣伽藍《がらん》があるが、そこには仏教の精神がまったくない」と言っております。

西洋各国では今、仏教を盛んに研究しており、現にバチカン法庁のなかで仏教講座が開かれております。そして、浄土真宗の七高僧のお一人である善導大師さまが祀《まつ》られているのです。何故、仏教でなければならないのか、それには理由があります。世界は今、危機に瀕《ひん》しております。この危機を救うのは仏教に依《よ》らなければならないことに気づき始めたのです。そのことについては、この紙面では語ることができないので、次号にゆずります。

西洋各国では、人間の本来の姿に帰るべく、それが世界平和に繋《つな》がると真摯《しんし》に考えております。数年前にデボノ博士の著『水平思考』が話題になりましたが、それは仏教経典の『涅槃経』にヒントを得て書かれたもので、西洋から仏教が逆輸入されたものです。

仏教は新興宗教のいうような願いとか、祈りの教えではないのです。人間の根源を明らかにする、宇宙と人間とが一体となる真如の世界であります。

経典をみても判るように、「仏心とは大慈悲これなり」と示されてございます。ところが新興宗教などは、自分の信仰が正しいから、信仰せよとすすめ、断わると、罰が当るとか、家庭が不幸になるとか言って脅迫します。そんなことは絶対ありません。仏教のいずれの経典に依るとも、そのために災難があったり、病気が重くなったり、不幸になるようでは、それはすでに仏教ではないのです。そのようなことをいう者は、仏教に対する魔障であり、仏教の怨敵《おんてき》であると心得て、相手にしないことです。最近、『法華経』を正依《しょうえ》の経典として、南無妙法蓮華経を唱える新興宗教が数団体ありますが、なかでも「念仏すれば地獄に落ちる」という馬鹿な人間もおります。とんでもないことで、仏教のなんたるかも知らず、仏のみ心をふみにじる者であります。

『法華経』の薬王菩薩本事品《ほんじぼん》に「仏滅後の五百歳のうちにありて、もしこの経（法華経）を聞いて修行するものは、臨終には阿弥陀仏の安楽世界（西方浄土）の蓮華の中の宝座の上に生まれる」と説かれてございます。浄土真宗の門徒として、しっかり肝《きも》に銘じてください。

かつて日蓮上人の六大弟子が密《ひそ》かに書き記したと伝えられる、門外不出の秘書である『大聖日蓮深秘伝』があります。そこには「顕（表）に題目を称え　深心に念仏せよ」と書かれております。この書は一時期に、広島の書店にて発刊されたことがありますが、この書の信憑性《しんぴょうせい》を確かめるため、龍谷大学の図書館にて調べたことがあります。

その時に、はからずも、大日本仏教全書百二十巻の中に宗論叢書巻二のところで、かつては日蓮宗の貫首にまでなった日辿上人の著わされた『禁断日蓮義』をみて、領解いたしました。以前、宗教新聞に一部発表したことがありますが、いずれ機会をみて掲載したいと考えております。『法華経』と念仏の教えは、共に大切な教えであります。一切経のすべてには、仏の説く言葉には妄語（うそ・偽り）なしと述べられてあります。仏教が世界各国の人々に親しまれているのは、そこに真実が語られているからです。日本は大乗仏教の国と誇りながらも、その実態は仏教とは全く違った方向にあると言っても過言ではありません。

日本には既成仏教が十三宗と六十幾派がありますが、そのなかで浄土真宗の立場を、次回で明らかにしたいと思います。

（『蓮敬寺新報』創刊号　一九八五・三・一発行）

迷信列島日本

——外国人が見て、呆《あき》れる日本仏教——

大和タイムス（奈良県）というローカル新聞があります。その新聞に観光に来た外国人の談話として、次のように報道されておりました。

「日本には優れた建築の寺院がたくさんあるが、そこには仏教の精神がまったくない、なげかわしいことだ」と眉をひそめて語ったそうです。東京の浅草観音・奈良の東大寺・滋賀県の比叡山にお参りしても、そこには必ず祈願の護符《ごふ》が売られていることであります。前号で申しあげましたように、釈尊の説かれた教えは無祈禱・無祈願の宗教であります。

インドでは、「私は朝にブッダになりました」と一部の人が、冗談でしょうが、朝の挨拶をかわすといいます。ブッダとは目覚めた人、即ち仏陀のことを指します。仏教とは人間の本来の姿に目覚める宗教であります。

願い・祈りは自己に不満があるから生じるもので、欲望のほかありません。欲には限りのないことは、仏教の説くところであります。釈尊の出家は、すべての欲望を捨てることから出発されたのであります。これが仏道の第一歩でありました。

最近は仏教ということを言いますが、仏道ということはあまり耳にしなくなりました。そこに形ばかりの仏教があるように思います。親鸞聖人の『和讃』に

外儀ハ仏教ノ姿ニテ

内心外道ヲ帰敬セリ

と、七百数十年まえに歎《なげ》かれるところであります。この現状をみて「如来ノ遺弟《ゆいてい》悲泣《ひきゅう》セヨ」との叫びは、現在とて変わることはありません。親鸞聖人が日本の釈尊と崇《あが》められた聖徳太子が常に申された言葉に、「我ナキ我」（無私の私）がありますが、この言葉は真実の自己に目覚めよとのお諭《さと》しでありましょう。

私の命であっても、思いのままにならない私であります。心と身体が別々の行動をすることもあり、明日も私が生きるとの保証も、何ひとつないのです。日本航空の大惨事とて、何人も予測できない悲しい出来事でありましょう。

坂本九さんの身につけていたお守りも、なんになりましょう。当てにならないことを頼りにするのに、願いや祈りの迷信があります。仏教は根源的な真実の発見であり、不変なる私の命に目覚める教えであります。

そのことを私たちにお示しくださったのが、親鸞聖人であります。苦節二十年のご苦労がありました。浄土真宗の名告《なの》りは、決して一宗一派に偏するような小さいものではありません。

仏教以外の宗教を外道《げどう》といいますが、外道に対して真実の教えとしての「真宗」であります。真宗は親鸞聖人が言われたのではなく、釈尊が外道に対して、仏教の立場を明らかにされた宣言であります。浄土真宗は本願寺派だけのものでなく、世界人類に対しての真実の教えにほかなりません。祈りとか願いとかを斥《しりぞ》けた釈尊の直説《じきせつ》であります。願い・祈りに依って叶《かな》うなら、世界に不幸な人はいないはずです。願い・祈りに依って病気が治るなら、医者など必要ありません。病《やまい》は気からと申しますように、精神的な面もあることは事実でありますが、一時的な支えにはなるでしょうが、決して根本的な解決になっていないのです。

死にたくなくても死んでいかねばならん人間であることを忘れてはなりません。神は死を否定します。家に不幸があった場合には、必ず神棚に半紙を貼り、目隠しをします。遺族に対しては、満中陰の喪が明けるまで鳥居の下をくぐることを禁じております。散斎《あらいみ》・致斎《まいみ》という厳しいものがありますが、詳細についてはここで述べることはいたしませんが、仏教は「生死《しょうじ》一大事」として、生と死は表裏一如《いちにょ》の立場に立ちます。そこに生きる尊さ、命の尊厳として、天上天下《てんじょうてんげ》唯我独尊の自覚が生まれてまいります。

人が人間と称するように、人と人の間にあって日常の生活が成立し、それが社会となり国家となり、世界となりますように、人が独りでは生きていけないのは言うまでもありません。自分が尊いことは、他も尊いことは、自然の理でありましょう。自我のままに生きるとしたら、そこに争いが生じます。

自我の否定が聖徳太子の「我ナキ我」であり、そこに真の平和の樹立がありましょう。自我という閉じられた世界の殻が打ち破られてこそ、無限に開かれた世界に飛躍されてまいります。そしておのれ独りの悦《よろこ》びにひたることを否定し、現実の問題に無関心でおれなくなる、それが親鸞聖人の

一切ノ有情《うじょう》ハミナモテ
世々《せせ》生々《しょうじょう》ノ父母《ぶも》兄弟ナリ

であります。人類皆兄弟として、お互い傷つきやすい人間同志《どうし》が教えの立場を明らかにして、明るい社会の建設に向かうというのが、親鸞聖人の指標された御同朋《おんどうぼう》の精神でありました。

願いとか、祈りは自己のみにして、他をかえりみないところにあります。かつて親鸞聖人は、時の権力者によって流罪になりますが、日蓮上人のように怨むことなく

世ノナカ安穏ナレ
仏法ヒロマレカシ

と願われたことでも、念仏者としての生きざまが示されております。

最近、宗教界においても、いろいろな差別が問題化されておりますが、この問題にしても、社会的な運動ではなく、親鸞聖人の同朋精神に立っての信仰運動でなければなりません。

他力とは、まず自己の問いから始まり、自己に厳しく問うことによって、今まで知ることのなかった自己の発見があり、罪業深重《じんじゅう》の慚愧《ざんぎ》によって、絶対他力の本願に遇うことができるのです。

なんでもよい、念仏すれば救われるというような、横着な信心ではありません。親鸞聖人は

世ヲイトイ、念仏ヲモウス

と言われておりますが、世を厭《いと》うとは、世の悪を捨て、悪をしないことであります。

煩悩具足ノ身ナレバ、ココロニモマカセ、身ニモスマジキコトヲモユルシ云云《うんぬん》の、心のままに自己を許してはならぬ、「邪見驕慢悪衆生」（正信偈）にお示しの通りでございます。

み仏の本願を聞くとは、日暮しのなかで自己自身を問うことであります。念仏すれば凡夫のままに往生ができるとは、本願のうえに立って言われたことであり、ご安心《あんじん》と求道とを混同しているのが、現在の門徒の姿であります。

「信をとるものあらば命を捨てよ」とは蓮如上人の仰せであります。「仏身を観《み》るものは、仏心を見る」とか、親鸞聖人は

されればそくばくの業《ごう》を持ちける身にてありけるを助けんとおぼしめしたちける本願のかたじけなさよ

と慶《よろこ》ばれたのであります。

（『蓮敬寺新報』第二号　一九八五・八・二五発行）

仏法を汚す新興宗教

この間、新聞のチラシ広告に、実に憤慨にたえぬ一枚がありました。大きな見出しで「人生相談」がまず目につきます。そうして、某先生の写真が掲載されてありました。

その写真は僧の形をしておりますが、よくよく見ると思わず吹き出してしまいました。滑稽きわまりない道化者としか映らぬ姿です。一応、僧籍のある姿をしておりますが、明らかに僧侶ではありません。第一に、五条袈裟のかけ方が違うこと。第二に、中啓《ちゅうけい》の持ち方が神官であり、法に叶っていない。第三に、この先生が毎年インド・ブッダガヤにて修行されているそうですが、インドの比丘《びく》は糞掃衣《ふんぞうえ》（出家が身にまとうもの。人の捨てたボロきれをつなぎ合わせて作ったもの）を着用して、色衣《しきえ》を着用しない掟《おきて》になっております。色衣を着用するのは日本仏教だけです。これも釈尊の教えに背くもので、親鸞聖人は常に在家の黒衣を用いられました。

次に、「仏力神霊秘宝の術」をこの先生が使って不幸な人を救うと能書きされておりましたが、おおよそ釈尊の説かれた教えに秘法などありません。秘法などと宣伝するのは釈尊に対する冒瀆《ぼうとく》であります。秘法を唱えるものは、すべて仏教ではないと心得て、ダマサレないように用心してください。術とは呪術で、釈尊は迷信と断じておられます。釈尊の最後の説法に

曰く「阿難よ、比丘《びく》たちは私に何を望むのか、私はすべての法を説いた。ある教えを弟子に隠すような秘密の法は何一つとてない。それ故に我亡き後は、自らを灯明とし他を拠《よりどころ》とせず、法を灯明とし、法を拠とせよ……」

として、秘法・秘伝のないことを明らかに示されております。だから秘法・秘伝と名のつくのは、外道《げどう》（仏教でない教え）であります。親鸞聖人もまた、「自ら珍しき法を説かず」、また「弟子一人も持たず」と。

ところで、釈尊は「珍しき法」、秘密にする「秘法」も説いたことがないと仰せでありますが、にもかかわらず秘法・秘伝を宣伝する宗教が氾濫しております。なかでも、創価学会などは日蓮上人の三大秘法を唱《とな》え、釈尊も日蓮上人の説く三大秘法によって成仏したと言います。そうして浄土真宗の教えなどは「ご本尊」は方便法身であり、方便の教え（ウソも方便）だから絶対に救われない地獄の教えだ！と言っておりますが、これは仏法を知らない者の言うことで、『華厳経《けごんぎょう》』『宝積経《ほうしゃくきょう》』『悲華経《ひけきょう》』『涅槃経《ねはんぎょう》』『維摩経《ゆいまぎょう》』等にも「方便のない智慧は、真実の智慧ではなく、方便のある智慧こそ、真実の智慧である」と説かれてございます。

創価学会の正依《しょうえ》の経典である『法華経』にも説かれて、「もし、私（釈尊）がただ不思議力や智慧力のみによって、方便を用いないで衆生のために仏の教えを讃えるならば、衆生はそれによって救われることはできないであろう」と。

創価学会が、『法華経』を一切経の中でも最高の経典と位置づけるのは、天台大師の「教相判釈《はんじゃく》」に依るのですが、その五時八教も現在の世界仏教学会でも通用せず、その権威は完全に崩れて過去の遺物になっているのも事実です。今回はこれでやめますが、順を追って真の仏教とは何かを明らかにしたいと思っています。現在は浄土真宗の教えをいただきながら、門徒とは名ばかりであります。

カナシキカナヤコノゴロノ
真宗ノ道俗ミナトモニ
外儀ハ仏教ノスガタニテ
内心外道ヲ帰敬セリ

聖人の悲しみの言葉が「ひびき」となって伝わってまいります。真宗とは単なる名称ではなく、真実を宗《むね》とする教えであります。

（『大樹』〈蓮敬寺・寺報〉第二号　一九八八・六・一発行）

寸書拝呈

この度の慶讃法要にあたりましては、ご法務ご多忙のなかをご出勤を賜わり光栄に存じ上げます。

おかげをもちまして、賑《にぎ》々しく無事に勤めさせていただきました。住職就任いたし、その責務の重大さを犇《ひし》々と感じております。今後はどれほどのことができますか……。

ともかくも、抵抗がございましょうとも、おのれの器重に応じて世俗を切り捨てていく所存でございます。

今後とも宜しくご指導賜わりますよう、お願い申し上げます。近ごろは早朝四時に起床して六時には梵鐘を撞《つ》いておりますが、家族の者は何日つづくかと冷ややかに見ております。平生が平生だけに無理からぬことだと慚愧《ざんぎ》いたしております。

早速、お礼と存じながら連休による法事が重なり、ご無礼いたしましたことを深くお詫び申し上げます。

ご寺内の皆様には呉《くれ》々も宜しく玉声のほど

不尽

一九九〇年五月五日

富金原　劫照　拝

第四部　浄土真宗こそ仏教

得度習礼《とくどしゅらい》をまえに

寸書拝呈

過日は成覚寺において初めてお会いして、ご縁をいただきありがとうございました。後になって私が申しあげたことをテープにて再度聞きましたところ、全く言葉足らずで、お恥ずかしいことで深く反省しております。

来月の四日に本山で得度習礼《とくどしゅらい》に参りますが、私が僧侶となりますも、在家生活者に対して指導するという思いあがりではなく、己《おのれ》自身が在家生活を営みつつ、そのアカに泥をかぶりつつ、その生活のなかから「行信《ぎょうしん》の道」を自《みず》ら実践したいと念じております。即ち、在家生活そのものが、全体が聞法の道場であると、ありがたくいただいております。

僧という型《かたち》、俗という型を問わず、生活の場において苦しみを味わいつつ、自《みずか》らが念仏者として強く生き抜くことこそ、浄土真宗の「み教え」に生かされる所以《ゆえん》でありましょう。

永い人生にはいろいろの苦しみがございましょう。自ら命を断ちたいと思うこともございましょう。その辛い想い以上に、苦しんでくださる方《かた》がおられるということを忘れてはなりますまい。

私もずいぶんと親不孝をしてまいりました。私の親を心配させたことで、親の寿命を縮《ちぢ》めたと言っても決して過言でない私でありますが、幸いにして私の父母は、聞法こそあまりいたしませんでしたが、よき念仏者でありました。その父母のはたらきで(両親ともすでに死亡)今日の私の仕上《しあ》げがあったのでありましょう。聞法こそいたしませぬが、常に生活の苦のなかにおいて、からだで念仏を頂戴《ちょうだい》していたように思います。

いくら聞法の機会に恵まれておりましても、その人の心のあり方いかんによっては、地獄決定《けつじょう》の引金《ひきがね》にもなりかねないのであります。〝永い人生〟と先に申しあげましたが、それは私どもの感覚において申しあげたもので、仏から見れば、それは〝一瞬〟の間のわずかな期間でありましょう。そのわずかな期間（人生）において、つまらぬ苦悩は「如来の大悲」を知れば、お粗末なことではなかろうかと思います。

〝生死《しょうじ》の境〟、今まさに命を終らんとする〝本当の一瞬〟に、その人のゆく道が定まりましょう。人から見れば愚かなことでありましょうが、私は〝生死の境に悔いのない〟一瞬に全生命を懸けております。そのドタン場に来て後悔をしても、もう手おくれであります。

形《かたち》はいかにも念仏者面《づら》してみたところで、〝如来さま〟はお見通しであります。私は己《おのれ》の心に思うがまま、念仏の大道をシッカリ踏みしめてこれからもまいりたいと存じます。

幸いに私は、新庄貞子氏というよき法友を得ました。この法友は現世《げんぜ》だけでなく、未来永劫《ようごう》の善き友であります。

〝お互いに傷つき易い人間同志が、互いに励ましあい、助けあい、共に喜び共に泣き、如来の大悲に涙で握手する〟、それが御同朋《おんどうぼう》の精神でありましょう。

まことに生意気《なまいき》なことを申しあげましたが、私自身、一人歩きできぬお粗末な奴《やつ》でありますす。今後とも、これをご縁に宜しくご指導たまわりますよう、幾重《いくえ》にもお願い申しあげます。

お家内《うち》の皆々様にも、くれぐれも宜しく玉声のほど

不宣

丹山実 秀拝
（劫照師の当時のペンネーム）

桶口弘子様（新庄貞子さんの姉 東大阪市在住）

（一九七五・九・一八の消印あり）

罪悪深重《じんじゅう》

真宗では〝罪悪深重〟の言葉を聞いて久しいが、他宗から転じせしめられた私にとって、教団人のいう〝深重〟の言葉は、ただ単なる習慣語として用いられているようにさえ感じるほどに「痛み」というものがない。習慣としての言葉に成り下《さが》り、自己に対する問いというものがない。罪悪深重と自《みずか》らの問いかけに、地獄一定《いちじょう》がある。ただ単に口先きのものであるならば、信心の歓びが湧くはずがない。人は本願が理解できるが、それほどの歓びがないという。それは自己を問題とせず、ただ観念的な罪悪深重であり、自己そのものを曖昧《あいまい》にし、かつ自己を愚かにも殺している結果になる。

煩悩の起こるゆえは人間としての本能であると許して、罪悪深重の叫びを気安《きやす》めの言葉として軽んじているのではないか。如来の本願を鏡として、自己を照らされたときに、どうにもならん自己を信知せしめられるのである。

煩悩とは人間の本能であるとみるのは、自己を軽視した言葉である。宗祖は自己そのものを安価に片づけてはおられぬ、そういうものに満足されなかった。自己を省《かえり》みたときに、罪悪深重の親鸞であり、私のごとく自己を省りみずしての口先きの〝深重〟ではない。

この真宗の〝深重〟の言葉ほど重いものはなく、人倫はるか超越しての罪悪深重の慚愧《ざんぎ》の言葉であり、人間の倫理・道徳的観念よりも、より勝《すぐ》れたるものであると思うのである。

蓮如上人は「聞くというは、ただおおように聞くにあらず」、自己の問いとして身に当てて聞けよとのご教示である。

信後《しんご》の生きざまは、善導大師の「学仏大悲心」と仰《おお》せになり、宗祖の「心多歓喜知恩報徳　常行大悲」とは、私どもの生きざまのご教示であります。これこそ仏道であり、「学仏大悲心」と、如来の大悲を念仏者として人間相応の真似《まね》をさせていただくことである。

安心《あんじん》のうえでは凡夫であっても、求道のうえでは、精進はもちろんのこと、忍終不《にんじゅうふ》悔《け》の私でなくてはならないと痛感する。

このことを思うとき、畜生にも劣る我が身が恥ずかしうございます。


（ノート「参考　その一」より　一九八〇・五・二五）

他力の教えに立つ

学会員の熱意にひかれて

僧侶になるとは夢にも思っていなかった。

戦後の混乱期の二十一年、当時十八歳から三十四年までの十三年間ヤクザの世界で生きた。その間、いくたびも抗争があり、バタバタと同志がやられていくのを見てきた。近所の中学時代の友だちも、声をかけると逃げていく。義姉は私の来るのをおそれて、転々と宿を替えていく。そんなありさまの生活だった。

そんな私でも、心の中には、幼いとき母に手を引かれてお寺参りしていたなつかしさは離れなかった。〝このままでいいのか?〟、それは、その生き方のむなしさから出た問いだった。

意を決して教会の門をたたいた。三十一歳のときだ。といっても、それは信仰ということより、ここへ来れば何か得るものがあるのではないかという期待からだ。中村という神父は、毎夜尋ねてきて熱心にキリストの教えを説いた。しかし神父の誠意とはうらはらに、私の心はだんだん、これはおかしいという方へ傾いていく。因果の道理がない、愛に対する憎しみは……？　それらの納得のいく回答がまったくなっていない。

そのころ、家の郵便受けに聖教新聞が入れられるようになった。それが半年ぐらい続いたある日、断ってやろうと待っていたところ、持ってきたのは年老いたおばあさんだった。

「こんなもん入れるな。ワシが新聞を見るのはテレビ番組ぐらいや」

「そうでっか。ほんなら今の新聞断《ことわ》って、この新聞にしなはれ、これにも載ってるさかい。それでもお代はいりまへん」

「ほんなら、おばはん、そのお代は学会からくれるんか？」

「そんなもんあらへん。うちが手内職してそのお金で買うてる、二百部ほどやけど……」

と、そうして駐車中の車や、近所の家へ配って歩いている。しかも

「新聞を読む、読まんはどうでもいい。学会がこの新聞を出しているということを知ってくれはるだけでいい」

と言う。それを聞いて、この老女をこれほどまでするには、きっと何かあると思って、興味半分で学習会に行ってみたら、座談会などものすごく活発に繰り広げられている。それで入会し、折伏《しゃくぶく》の鬼といわれるほど折伏して歩いた。

真宗を出て真宗に帰る

伝道というのはことばだけじゃない。真宗はことばで伝道する。それは学会員の生きざまにくらべれば、極々《ごく》微々《び》たるもんだ。私の折伏運動はエスカレートして、浄土真宗の本山へ行って折伏してやろうという気になった。昭和四十四年、時あたかも本

山（本願寺派）で全国布教使大会が開かれていたときだった。

学会幹部に相談したら、「ミイラ取りがミイラになるだけだから、よしておけ」と言われた。しかし、日蓮上人の教えに「念仏無間《むけん》、禅天魔、真言亡国、律国賊」とある。ところが本山へ行ってみて、折伏教典というのは攻めの教典であって、内なる充実のないことをいやというほど味わった。内なる充実のないものが攻めても、攻めれば攻めるほど、どうにもならん自分が出てくる。

それを知らせてくれたのが嘉戸大恵氏だった。それでも、私の疑問が晴れたわけではない。それで奈良の大慈林僧伽《サンガ》というビルマの僧侶や上座部の僧侶の集まる会に入った。そこで初めて浄土真宗のすばらしさにうなずけたのである。釈尊の教えを本当に受け継いでいる教えはこの教えだけだと知って、こんどは自信をもって真宗に入った。得度もした。昭和五十年、四十八歳だった。

その嘉戸大恵先生の口ぐせのことばは

「悲しいな、真宗の寺に仏法はない」

ということだった。そのことばが、先生なき後、私の心の中に残った。それで教団改革運動をはじめた。

こうした私の一生を山口県の教推協（教化推進協議会）が『厚き壁』というスライドにした。しかし、それは私個人の特殊な体験ということより、こうした働きが如来にはあるということである。にもかかわらず、現実には如来に働きをさせないものがある。それは坊さんである。坊さん自身が自分自身を問題にしていない。自分自身を問題にもしないで、命がけで求めないものに、如来の働きがわかるはずもない。

仏教系大学、宗教系大学で学んだ教化のテクニックを身につけるというのか、ことばのドレイになってしまって、そこには後ろ姿の伝道がない。だから、真宗教団は攻めをやらんし、守る一方だけ。宗祖が

無慚愧《むざんぎ》は名づけて人とせず
名づけて畜生とす
慚《ざん》は自ら罪を作らず

愧《ぎ》は他を教えて作《な》さしめず

と言っている。そこにはおのずから「自信教人信」が出てくるはずにもかかわらず、守る一方だ。本当に真宗の教え、自分の慚愧なき生きざまにめざめたら、自分の内なる発動が動き出すはずなのに、それが出てこない。そこに真宗僧侶の欠点がある。

今日の社会現状を見まわしてみると、今こそ真宗がしっかり大地に足をつけてふんばらないと、次代には必ず真宗は受け継がれないということを私の体験から感じる。その一つに、ある法事の席で、法話で神道批判をしたところ、門徒の人から〝ナマイキダ〟というわけだ。それをゆるしてきたのが真宗僧侶の今日の実態だ。親鸞の教えには、こうした世俗的妥協は一切なかった。その教えを選んだのが、われわれ真宗僧侶だ。それならその違いをはっきりしていく、きびしい人生でもあるはずだ。

（「同朋」一九八四年六月号　真宗大谷派出版部）

廃《はい》仏《ぶつ》毀《き》釈《しやく》

戦前戦後にかけて三人の兄が戦死し、末っ子の私も親の反対を押しきって、軍隊に志願。母を早く亡くして男手ひとつで子供を育ててきた父にとって、次々とわが子の戦死の公報が知らされ、生きる希望を失ってか、敗戦間際《まぎわ》に兄の後を追うがごとく、この世を去っていった。

無益とも言える戦争によって、家族構成が崩れ去り、空《あ》き家《や》同然の家に待つ人もなく、敗戦という悲惨な状況のなかで、私のみ生き残り、やっとの思いで家にたどり着いたものの、そこには言い知れぬ孤独があっただけであり、以来なにする術《すべ》もなく、世のすね者として自暴自棄の生活が続いた。

天皇や国家の名のもとに、家が崩壊させられた私にとって、すべてが「そらごと」

であり、「まこと」などありようがなかった。さまざまの日暮しのなかで、朝枝実彬師との出会いは愚鈍な私に「まこと」なるものを示唆《しさ》していただき、「そらごと」の根源を遅まきながら見ることができた。

以後「靖国」問題に取りくむ過程で、先輩の諸師から多くのことを学び、そのなかで、あまり語られなかった「廃仏毀釈」に出くわす。学校の教科書で、徳川幕府が断行したキリシタン弾圧（島原の乱）は、日本史の課程で学ぶところであるが、それにもまして、非道のかぎりを国家の名のもとに強行した「廃仏毀釈」は、ほとんど教えられていない。その顚末《てんまつ》資料でさえ抹消され、ほとんどが残されていない。現在でも中高年の人びとにとって「靖国」問題を話し合う場合に、ほとんどの人が拒絶反応を示すが、明治政府の「神仏分離令」による弾圧を話すとき、驚きと不信との交差する複雑な反応を示す。「廃仏毀釈」を取り上げることにより、天皇制も「靖国」も巧妙に仕組まれた為政者の狙《ねら》いがハッキリしてくる。天皇制と「靖国」の影に隠れて潜《ひそ》んでいる「廃仏毀釈」を引っぱり出して、国民の前にさらし出す必要がある。それによって、国家とは何か、その仕組みが多くの問題を醸《かも》し出していることが明らかにされるのではなかろうか……。

因《ちな》みに、神仏分離令が発布されるや、全国各地で寺院建物が破壊され、仏像や経典が焼却された。幕末ごろに存在した二十三万の寺が十五万ヵ寺となり、取り壊された寺院には多くの文化財があり、無惨にも灰と化す。後に各地でも政府に呼応して、順次、廃寺となる。寺院に対しては

一、今後はいっさい弟子をとり僧侶にしてはならない事。
二、僧侶は民家に赴《おもむ》き、説法や勧化《かんけ》してはならない事。
三、寺院に人を集め、遠忌《おんき》や法談を禁止の事。
四、死体は土葬とし、火葬を禁ずる事。
五、仏寺、塔婆《とうば》を作ることの禁止。
六、浄土真宗の場合は、新発意《しんぼち》を認めず、住職も一代かぎりとする事。
七、仏具の新調の禁止、金具類の仏具は没収。

金具類は鋳造《ちゅうぞう》して、大砲や貨幣に変貌《へんぼう》する。明治政府によって仏具が没収されるが、昭和になっても、再び軍部によって、仏具が大砲や弾丸となり、五千万人の尊い命を奪う。富山県下では当初、一六三五カ寺のうち、八カ寺のみを残して全体の九九・五パーセントの廃寺が目論《もくろ》まれた。これに対して命《めい》に背《そむ》くものあらば、刀剣・大砲などをもって否応《いやおう》なしにねじ伏せるなど、島根での隠岐地方の迫害、九州での迫害も想像を絶するものであったにもかかわらず、今日まで明らかにされていない。

中国での「侵略」も正当化しようとしての弄言《ろうげん》などが、偽《いつわ》られた歴史が正史として権力（為政者）によって作られるなど、靖国問題に関心を抱くうちに、よりいっそう明らかになる。

明治初年、仏教を異端《いたん》・邪説《じゃせつ》として、寺院を取り壊し、僧侶を迫害し、天皇を中心としたヤマト民族国家を作りあげて、アイヌ民族、琉球民族、朝鮮民族、台湾民族を支配した。天皇を現人神《あらひとがみ》として、「廃仏教・権神社」を布告し、神国日本をして国家神道を主軸とし、世界制覇を企《くわだ》てさせる。限られた紙数で意を尽くせないが、私にとっては、「廃仏毀釈」の一端を知ることにおいて、「靖国」の問題がなぜ今日問われるのか、その意味を鮮明に捉《とら》えることができた。「靖国」に潜《ひそ》む「廃仏思想」が決して百年前のことではなく、真宗門徒として避けて通ることのできない今日的課題であることを痛感する。

かつての「廃仏毀釈」のときにも、これに反対して心ある僧侶が立ちあがり命を捨てたが、その不自惜身命《ふじしゃくしんみょう》の果敢《かかん》な抵抗にも大部分の檀家の共感を得ることができなかった。あまつさえ、政府に手を貸す者さえあったのも事実である。この事実は、信心なき寺檀関係は、いつでも寺院破却を孕《はら》んでいることを忘れてはなるまい。

それにしても現代の動向は、大嘗祭《だいじょうさい》を含めて、七百年以前に「外儀《げぎ》は仏教のすがたにて内心外道《げどう》を帰敬《ききょう》せり」と厳しくその本質を糺《ただ》されたことと何ら変わりない。それだけに、浄土真宗が神道化し「外儀は浄土真宗のすがたにて……」とは、言い過ぎか。

いつの時代もそうであったように、今も私の信心を問われている。決して他人事ではなく、私自身の生涯の課題でもある。牛歩に似た歩みであるが、一歩一歩、確かに踏みしめていきたい。

（『島根・反靖連通信』第三号　一九九〇・九・二九発行）

報恩講——信心の確認の場

本日の法要は浄土真宗にとって一番大切な法要でございます。

報恩講の起源については、親鸞聖人がお亡くなりになって「三十三回忌」のときに、三代目覚如上人の著された『報恩講式』に基づいて法要を営まれるようになったと伝えられております。今から約六百九十年ほど前のことでありますが、①真宗興行の徳(仏教を明らかにされた) ②本願相応の徳(釈尊の本懐を明らかにした) ③滅後利益の徳(二種回向を明らかにする)に基づく報恩講であります。

それよりも以前に、親鸞聖人が中心となり、聖人ご自身も門徒の一人として始められたのが、そもそもの始まりです。覚如上人の始められた報恩講とはその法要の性格がだいぶん違います。覚如上人の『報恩講式』をみますと、親鸞聖人の浄土真宗興隆のお徳を称《たた》えて、そのご恩に応えていく営みのようでありますが、親鸞聖人の営まれた報恩講というのは「命を懸けた信心の確認の場」であったということなんです。後鳥羽上皇によって断行された念仏弾圧の承元の法難によって四人が死罪になり、法然上人はじめ親鸞聖人が流罪となります。現在の刑法では、死刑が最高刑でありますけれど、この当時の流罪というものは、死刑よりも重罪だったそうです。流罪にして生かしておいて、世間の見せしめのために、その人間が腑抜《ふぬけ》の廃人になるまで、徹底して心身両面に迫害を加えるという残酷なものであったようです。

親鸞聖人という方は、自分のことの記述はいっさい残しておられません。ただこの承元法難に遭ったことについて、「予其一也」のたった四文字だけで、出世から晩年の事柄は、何一つ残されていない。ただ、念仏宣布に全身全霊を注がれた。親鸞聖人のご一生は念仏のほかに何ものもない、まさに世の事「そらごとたわごと、まことあることなきに、ただ念仏のみぞまことにておわします」、この一点のみでありました。臨終に際しても、いっさい世事《せいじ》を交えず、ひたすら念仏申されたことを拝察しても、恵信尼公が「殿は弥陀の化身」と仰がれたのも、まことなるかなであります。後鳥羽上皇によって断罪となり、法然上人と共に配所に赴《おもむ》かれる、その旅立ちのときに多くの同行が見送りに参ります。ずいぶんと多く同行が集まり、その別れを悲しんだのでありますが、護衛と監視の役人が立ち会う別れの場で、法然上人が最後のお別れの言葉を述べられます。そのお別れの言葉が、ただお念仏でありました。凜《りん》々として大音声《だいおんじょう》で念仏を申されたのです。

念仏申すことによって罪科になったのですから、それに懲《こ》りずに役人の前で、堂々と念仏を申された。このことは役人を無視した大胆きわまりない行為なのです。それこそ、その場で首を刎《は》ねられても仕方ないことなのです。付き添いに来たおおくの弟子たちは、この師法然上人の行動に驚き、制止しようと上人の衣の袖を引くのでありますが、同行《どうぎょう》との最後の別れとなるかも知れないこのときに、「たとえこの首刎《は》ねられようとも、念仏申さずにはおれない」と全生命をかけて、大衆のまえでお別れの念仏を称《とな》えられた。この感激が浄土真宗門徒をはじめ、多くの人の心に焼きついたのであろうと思います。後に罪が許され京都に帰られる途中、現在の大阪の箕面《みのお》の地で亡くなられます。とき、建暦二年一月二十五日のことであります。

この法然上人のご命日を機縁として、親鸞聖人が中心になり二十五日に念仏者が一同に集い、お互いの信心を確かめ合う法座が営まれます。今日のような雰囲気の法座ではなく、覚如上人の営まれた法要ではなく、それこそ危険を孕《はら》んだ、まかり間違えば自分の首が飛ぶという危機感がありました。罪は許されたというものの、いまだ念仏弾圧が解けたのではなく異端視されておりましたし、他宗の者たちの監視も厳しく、家族や自分自身の身を守るために信心を捨てるか、己の命を捨てても信心を取るか、この二つに一つという厳しい二者択一《たくいつ》の場であったのです。「保身か信心か」の厳しい選択の緊張したなかでの法座であったのです。

このあいだ、新潟の国府別院に六月と八月の二回にかけて僧侶・寺族研修に参りましたが、ご存知の親鸞聖人が流罪になり、初めて上陸された居多ヶ浜があるところでございます。その浜辺に立ちますと、厳しい風土であることが感じられます。赤尾の道宗さんの寺とか、石山合戦に参加した親鸞聖人のお木像とか、一向一揆に参加した門徒の遺品などを拝見いたしますと、本当に私たちの先輩のご苦労がしみじみと窺《うかが》えます。念仏の教えを守らんがために、身命を厭わず戦ってくださった。

去年の六月と八月の二回にかけて国府別院僧侶寺族研修に出講いたしまして、四国の津村顕照さんが新潟まで自家用車で迎えに来てくれまして、帰りに石山合戦のゆかりの寺を見学して回りました。なかでも火縄銃を見たときに、非常に感動しました。津村さんと二人してやっと鉄砲が担《かつ》げる重さで、この重い鉄砲を新潟から大阪まで担いで行った門徒衆のご苦労を痛いほど感じました。織田信長の理不尽に対して、敢然と立ち上がって歯向こうて行った。それこそ「身を粉にし、骨を砕く」行動であったと思います。新潟から生きて帰って来るという人は、恐らくなかったであろうと思います。日本の宗教史上特異なことで、「天草の乱」よりも大規模な、権力に対しての反抗です。「長島一揆」では男女、老いも子供もことごとく討ち死にしております。

私たちのいただくお念仏は、過去の歴史を見ても、壮絶な戦いによって受け継がれてきた教えであることを忘れてはならないと思います。

そのお念仏をいただく門徒が本願を忘れて、新興宗教にうつつを抜かしているのを見ますと、本当に念仏の教えの素晴らしさが全然解ってない。その責めはとりも直さず、僧侶自身の堕落にあると思います。「袈裟衣は心で着るものである」と知りながら、形ばかりの僧侶であることが、今日の門徒の姿となって反映されていると言っても、言い過ぎではないと断言できます。教えを宣布すべき門徒にでなく、寄付を集めるための門徒になってはいないか、そんな不謹慎なことをふと思うことがあります。報恩講の意味が、私自身にどうなのか問われ、それの確認が今日の法要であります。

「報恩講」については、皆さんすでによくお聞き及びと思いますので、詳しくは申しませんが、親鸞聖人のご恩に報じていく、浄土真宗門徒としての信心確認の大切な法座でもございます。「恩」とは「因」の「心」を尋ねて、それに応えていく、「報」じていくということでありますけれど、親鸞聖人が浄土真宗の教えを開顕してくださるまでのご苦労は、並たいていのご苦労ではないのです。

親鸞聖人のご生涯は弾圧の日々であり、その厳しい弾圧のもとに開かれたのが、浄土真宗の教えであります。口では弾圧と申しましても、現在の我々の感覚では想像のつかないほどの過酷なものであっただろうと推察されます。今の若い人には弾圧と言ってもピンとこないのではないか、現在では天皇制についてもずいぶんと思い切った批判をされておりますが、戦時では天皇を批判することは、一家はもちろんのこと、親類縁者までも徹底した弾圧を受けるという恐ろしいものでした。国民は天皇の赤子《せきし》(字のごとく天皇は神であって、その存在は国民を赤子《あかご》のごとく自由に使うことができた)、まして七百年前となりますと、もっと過酷なひどいことであっただろうと推察できます。牛や馬は屋根つきの小屋に住んでいるが、人間はどうかというと、三国連太郎さんの『白い道』の、関東における親鸞聖人の生活に見られるように、地べたに藁《わら》をしき雨露《あまつゆ》を凌《しの》ぐ小屋であるように、畜生よりも劣る暮らしであったのです。山上憶良の「貧窮問答歌」に歌われているように、当時の人間の生活というものは瓦礫《がれき》のようなものであったことが解ります。人間が競売にかけられる人身売買など、公然としておこなわれていました。特定の貴族や、ごくわずかな真摯《しんし》な僧侶を除き、その大半は庶民の苦しみを顧みることなく、体制派に迎合して優雅な暮らしをしておりました。

親鸞聖人は比叡山にあって、二十年それを見てこられたと思います。比叡山で仏法を修行しながら、仏法とは何かを命がけで見つめていかれたのだと思います。釈尊の説かれた教えは、葬式や祈禱するという類《たぐ》いのものではなく、徹頭徹尾、「人間を明らかにする教え」であり、人間を明らかにするということは、人間そのものを問題にするということでありますから、人間を明確にしようとしたときに、そこに権力が絡《から》み弾圧となって、人間を明らかにすることを拒みます。庶民とか貴族とか、地位とか財産とか、頭が良いとか悪いとか、男とか女とか、そのようなものを除外して、命の尊厳というところに立脚して人間を明らかにしたのが、釈尊の説かれた仏法なんです。ですから釈尊のことを「覚者」と申しあげるのも、人間が人間であることに目覚めた方《かた》という意味であります。権力者がいちばん恐れることは、人間が人間として目覚めるということでありましょう。このたびの「佐川急便」の問題にしても、人間の平等という目覚めが大衆の運動となり、叫ばれるようになってきたのではないでしょうか。

親鸞聖人のころの仏教界のありようは「仏法の名のもとに世の中の政治家、権力者と結託していく、共存していく」、その仏法が「聖道門《しょうどうもん》」であったのです。天皇の病気平癒《へいゆ》のために全国の寺院が祈りを捧げる。当時の仏教は、天皇のための「勅願寺《ちょくがんじ》」が全国につくられているように、比叡山の延暦寺が宮中の鬼門に建てられたように、天皇や貴族に奉仕する祈禱仏教であったのです。釈尊は天皇や貴族、まして宮中に参殿することを厳に戒めておられるにもかかわらず、仏教界は競うて天皇家に近づこうとした。また「勅願寺」であることを誇りとしてきたことも事実であります。

大衆の願い、阿弥陀如来の本願を双肩に担《にな》い、二千年の歴史を経て日本で初めて仏教が明らかにされた。その方が法然上人であります。法然上人の遺《のこ》された道を、より明確に浄土真宗として釈尊の本懐を完成された「大乗のなかの至極《しごく》」と位置づけされたのが、親鸞聖人であります。

何ゆえに「大乗のなかの至極《しごく》」と言い切れるのか。日本は大乗仏教の国であって、大乗は小乗仏教より優れているんだと言いますし、そのように教えられてきました。本当にそうでしょうか？　釈尊の説かれた教えには優劣はないはずです。もの忘れのひどいシュリ・ハンダが、釈尊から与えられた「箒《ほうき》」で十大弟子の第七番目に座る大徳となっていられますように、学問とか行《ぎょう》ではなく、「こころ」だということを如実に示されてあります。

日蓮上人という方は『法華経』の行者を代表する立派な方であります。『法華経』は釈尊の出世本懐の教えであると宣言された第一人者でもありますが、ここに不思議なことがあるのです。日蓮上人の書かれたたくさんな書物のなかに、日蓮上人の思想を代表する『立正安国論』があります。このなかで自分の生い立ちを詳しく述べておられますが、特に「自分は旃陀羅《せんだら》の子である」と自分からその出生《しゅっしょう》を語っておられます。旃陀羅とは生き物を殺してそれを生業としている者で、その子だということなんです。ところが、日蓮上人が命をかけていただかれた『法華経』の安楽行品《あんらくぎょうぼん》に「旃陀羅に近づくな！」と説かれてあります。しかし日蓮上人はハッキリと「俺は旃陀羅の子だ」と言い切っておられます。『法華経』第一の行者日蓮上人が『法華経』に説かれてある言葉に対して、ハッキリと異議を申し立てておられます。これほどハッキリ経典に対して嚙みつかれた仏教者はないでしょうね。

先ほども述べましたように、大乗仏教とか小乗仏教とか、とやかく言ってその優劣を言っておりますが、大乗仏教は小乗仏教よりも優れているのだと言いますが、この『法華経』の文にある「旃陀羅に近づくな」とか、『観無量寿経』にもアジャセが母親のイダイケ夫人《ぶにん》を殺害しようとしたとき、ギバがそのような行為をなす者は「旃陀羅なり」と告げておりますね。おかしな話ですね。生き物を殺害してそれを生活の糧《かて》としている者、例えば私たちは牛肉を食べますが、普段はなんの抵抗もなくおいしく食べているのですが、罪の意識は全然ない。牛を屠殺《とさつ》する人のおかげで、私の口に入るのですが、このときに牛を屠殺する者を旃陀羅というなら、それを何の罪の意識もなく食べている者のほうが数倍も悪いということなのです。仏教の教えでは、手を下《くだ》す者よりも、手を下《くだ》させる者の方が罪が深いということなのです。そのように見ていきますと、ややもすれば大乗仏教はすぐれていると言うけれど、小乗仏教よりも仏教の純粋性が欠けてしまうのではないか、そんな気がいたします。

インドで仏教が滅んだ一つの原因として、密教の発達などがあげられます。仏教の純粋性を俗化したのが密教です。元来、仏教は「無祈願・無祈禱」の教えであって、願いとか祈りを否定したもので、「人間が人間として目覚める」教えであり、釈尊を「覚者」と申しあげるのも人間として目覚めた方という意味でもあります。もし願いや祈りによって、なにごともその思いが叶えられるなら「川底の砂も浮かぶであろう」と釈尊は問いかけておられます。

願いとか祈りというものの本質は欲望であり、その欲望を助長するのが祈願宗教であり、仏教の教えから遠くかけ離れた、迷いをますます泥沼化したものであると言わねばなりません。いま、日本には十三宗と六十数派の既成仏教がありますが、そのほとんどが祈禱仏教にほかなりません。このことを私たちはハッキリと腹にいれておかないと、仏教をとんでもない方向に解釈してしまう危険があります。

仏教本来の姿を俗化した、手助けしたのが僧侶であったのではないか。現在もそうですが、これほど混迷した社会において、我われ僧侶はなにをしてきたか。過去の歴史を見ても庶民の側に幾人の僧侶が立っていただろうか。それはごく少数でしかありません。浄土真宗とは名ばかりの情けない現状にしたのも、元をただせば、僧侶自身ではなかったか。親鸞聖人の教えに帰ろうとすればするほど、門徒からの抵抗があるのも悲しいことです。

「行は日蓮のごとく、信は親鸞のごとく」、日本仏教徒の範としての双璧としてたたえられる二方《ふたかた》です。日蓮上人は『法華経』を信心の眼でシッカリ見ておられます。『法華経』の旃陀羅の文を見て、それに異議を唱え、それを踏み込んで『法華経』の二十三番目「薬王菩薩本事品」の「南無阿弥陀仏を念ぜよ」の文に目を据《す》えられた。『法華経』は「南無阿弥陀仏」に帰入するための方便といただかれたのではないか。最後は念仏に帰依されたのであります。

日蓮上人は現在の千葉県小湊というところで誕生されたのでありますが、この地に誕生寺がございます。この寺に晩年に詠まれた歌が残っているそうですが、その歌は「天地の満つるほどなるとうとさは　深く心につつみませ君」と念仏に帰依されたことは、この歌によって知るところであります。同時代に、それも京都に同じく滞在された期間があったのですが、惜しいことにはお二人がお会いになってない。日蓮上人が親鸞聖人とお会いになっていたら、仏教史も大いに変わったことと思います。

親鸞聖人の全生涯は釈尊の出世本懐をあきらかにせんがためであり、弾圧に屈せず生き抜かれたのであります。釈尊の説かれた仏法が、その仏法によって弾圧されることに、憤《いきどお》りを感じられたのであります。

当時の仏教は世間仏教であり、僧侶の任免は俗人の天皇の手中にあり、奈良時代には大仏が建立されたのでありますが、その基金を集めるために行基菩薩に命じたのです。それ以前に、庶民に布教する行基菩薩を投獄して弾圧したにもかかわらず、行基菩薩を慕う大衆を利用せんがため、一挙に大僧正《だいそうじょう》の位をさずけ、掌《てのひら》を返す暴挙に出ております。俗世間、世渡りのために利用された仏教にほかなりませんでした。

でありますから、世間仏教を本来の仏教に返すについては都合が悪いので、真摯な僧侶に対しては、次々と裁《さば》いていきます。仏教が真実の仏教として立ち返ることに弾圧をかけてくる。この理不尽に対して、決然として立ちはだかって行かれたのが、親鸞聖人でありました。弾圧する側の比叡山から、弾圧をうける吉水の法然上人のもとに行かれたのです。「主上臣下、法に背き義に違し」と立ち向かい、真仏弟子として「出家の人の法は、国王に向かいて礼拝せず」と、毅然《きぜん》としたお姿でありました。それは釈尊の出世本懐を受けて、出家仏教との訣別を意味します。

家永三郎博士の「教科書裁判」でありますが、この「主上臣下、法に背《そむ》き義に違し」の国家権力による理不尽を取り上げられたのでありますが、結局は敗訴になりました。「中国の侵略」ということについても、ずいぶんと国の抵抗があったのは、皆さんのご存知のとおりです。親鸞聖人は「まことに仏恩の深重なるを念じ」「人倫の哢言《ろうげん》を恥じず」と「世の事そらごと」として弾圧のなかに身を置かれ、「念仏こそまこと」と我が身に証《あか》していかれるのであります。

親鸞聖人の誕生により、宗派を問わず大衆が「命の尊厳とその平等」に目覚める活路をひらかれたことは事実である。全生涯をかけて貫かれ、全身が念仏であり、全身がこれ仏法であったのです。世事《せいじ》を語らず、ただ念仏を大衆と共に聞くというこの一点であり、自分のことに関しては語られることがなかった。このことは親鸞聖人ご自身の伝記というものがなく、大正時代には親鸞聖人の架空説まで出るほど、自分のことを述べておられない。ただあるとせば、弾圧によって流罪になったことについて、怒りを込めて「予其一也」とたったの四文字述べておられるだけです。鎌倉時代にたくさんな祖師方が出られましたが、親鸞聖人のように自分のことを述べておられないのはまれでありますが、世事のことよりも如来の本願を明らかにする、この一点に集中されたことが拝察されます。浄土真宗の名告《なの》りによって、あの過酷な弾圧のなかで生涯を閉じていかれた。身を粉にし骨を砕かれたご一生でもありました。

ここで私は、常に思うことでありますが、親鸞聖人をここまで支えてくださった恵信尼公のご恩をも忘れてはなりますまい。恵信尼公に対しても報恩講をせねば申し訳ないのではないか。もちろん親鸞聖人は、最も大切な方であることは言うまでもありませんが、私は親鸞聖人を陰ながら支えてくださった恵信尼公のことも忘れてはならないと思います。

弘長二年十一月二十八日、親鸞聖人がお浄土にお帰りになった。そのことを娘の覚信尼が、母君の恵信尼公に手紙を認《したた》めて送っておられるのでありますが、二カ月ほどしてその返事が覚信尼公の元に送られてきております。そのお手紙の内容は尋常のものではありません。「親鸞聖人にして恵信尼公あり」というか、まことに息のピッタリあった見事なものであります。永い間、夫との別居のなかで、夫の臨終に立ち会うことができなかったことの悲しみや嘆きが、一言も語られていないということであります。我われ一般の常識として、何よりも主人の臨終の様子とか、死に水を取れなかった悔しさとかを述べるのが当り前なんですが、それが微塵《みじん》もない。冒頭に「殿の往生については驚くべきことではない」と、ズバッと言い切られてある。常人じゃない、普通では言えんことです。よほど肝の据《す》わった方であったことがはかり知れます。八十二歳の高齢で、なおかつ、このような信念を持ち続けるということは、日本女性の第一級の方だと言い切れるのではないですか。

蓮敬寺のご門徒とご一緒に、関東の聖跡参拝をしたことがございますが、「小島の草庵跡」に参りますとよく判るのですが、今日でも人里離れた寂しいところです。今から七百年ほど前となりますと、大変なところであっただろうと想像できます。親鸞聖人は「小島の草庵」を起点として、遙かかなたの筑波地まで布教に出かけられたそうです。その間、三人の子供さんを育てながら、田や畑を耕し、その間をぬって恵信尼公ご自身も布教に出ておられます。家庭を守り、子供を育て、親鸞聖人のお世話をして、なおかつ布教に出るということは、親鸞聖人以上のご苦労であったと思います。

（一九九二年一一月　布教原稿）

六字名号のいわれ

先ほど戴《いただ》きました『御文章』は、善導大師さまのお説きくださいましたお名号の「機法一体」について、蓮如上人さまが簡潔に私たちにお示しくださったのでありますが、世間一般では、たった六字の名号を称《とな》えただけで、どうして助かるのか、助かりたいから一生懸命に修行しているのに、何もせずして、ただ念仏して助かるというのは、仏教ではない。横着者《おうちゃくもの》の信仰だという人があります。理屈はそうであっても、実際はそういかんのです。

このあいだ、兵庫の大災害がありました。皆さんの記憶に新しいことだと思います。本山を中心に息の長い救援活動をしておられます。「本願寺新報」や『大乗』に詳しく報道されていて、その活躍は僧俗併《あわ》せての同朋教団の現われだと思っています。私の友人も家が崩壊しました。そのときの様子を聞いて教えられました。

崩壊した家は二階建てでありまして、主人夫婦は二階で寝ていて、店員さんは下に寝ていました。地震で家が傾き下の部屋が潰《つぶ》されたそうです。主人は下の部屋にいる店員さんのことが心配で、二階の窓から外に飛び出したそうです。電気も消えて、真っ暗で様子が解らない、ただ下の部屋が潰《つぶ》されているのだけわかる。主人は必死になって「おーい、大丈夫か」「おーい、おーい」と叫んだそうです。そうしたら瓦礫《がれき》の下から、微《かす》かに返事があった。主人はその返事をたよりに、必死に瓦礫《がれき》を取り除いた。家が傾いて危険であるということも忘れて、その店員さんを救いたい一心で懸命だった。やっと隙間《すきま》ができたので、店員さんの手を摑《つか》んで引っ張り出したそうです。後になって現場を見たとき、よくも助けられたものだと、ぞおっとしたと言います。

その話を聞いて思うことでありますが、あのときは暗闇《くらやみ》で何も見えない。ただ呼ぶ声と、応《こた》える声とが頼りだった。助けたいという一心と、ただ任すしかない者とが一体となって、暗闇の世界から明るい世界に連れ出される。『ご和讃』に「三塗《さんず》の黒闇ひらくなり」と仰せになっております。

現在の社会はまさに暗黒の世界、世界各国をみても同様であります。先ほどの話ですが、明るい世界なら、呼ばなくともどこにいるか解ります。助け出すこともできますが、暗闇では「呼び声」でなければ助かりません。いくら力があっても、自力ではどうにも助からないのです。

お念仏を戴《いただ》く、身の幸せを戴いております。

（一九九六年五月　本願寺定例《じょうれい》布教・晨朝《じんじょう》法話原稿）

浄土真宗こそ仏教

本日から十七日間、当別院でお世話に相成ります。島根県から参りました冨金原劫照と申します。鹿児島は初めてでありますが、「隠れ念仏」で、ご当地はご法義の地であると聞いております。

私もご縁がありまして、島根の寺に入寺いたしましたのが、今から十一年前でありまして、だいたいが大阪の河内《かわち》というところで育ちました。ご先祖は、もともとは滋賀県の近松というところの出でありますが、蓮如上人のお供をして滋賀の近松から河内《かわち》に住みついた、根っからの門徒の家に生まれたのですが、子どものころは母親に連れられて、お寺参りをしたものです。子供ですから寺でお説教を聞いても分かるはずがありませんし、寺に参ることが非常に苦痛でありましたが、お参りが済んで家に帰る道中で、母親がご褒美《ほうび》として、何か好きなものを買ってくれるんです。それが楽しみで、苦痛を我慢するのでありますが、後にこのことが私の人生に非常に役立ちます。役立つというよりも「働く」ということでしょうか。今いろいろ振り返ってみますと、口に称えるお念仏ですが、お念仏は生き物だとつくづく考えます。もし子どものころ、母親が寺に連れて行かなかったら、私の今日はなかっただろうと思います。

母親というのは大したものだなあと頭が下がります。仏教を開顕なさった釈尊も、お母さんの死に遇うことによって菩提心《ぼだいしん》を発《お》こされます。釈尊がお生まれなさって七日目に、お母さんのマーヤ夫人《ぶにん》が亡くなられます。俗にいう産後の肥立《ひだ》ちが悪かったということでありましょう。後に成人され結婚されて、ラゴラという男子が誕生し父親となられますが、人の親となって初めて親の気持ちが解るというか、自分を生んでくださったお母さんはどんな人であっただろうかと思われます。これは釈尊に限らず、人間であれば当然な気持ちです。そうして、マーヤ夫人のことを知っている人にいろいろと聞かれるのでありますが、当然、釈尊を生みなさったお母さんでありますから、立派なひとでありました。お母さんのことを聞けば聞くほど、亡きお母さんへの思いがつのります。そうして、聞くところの立派なお母さんが、私が生まれることによってお母さんの命を奪ったという心が芽生えて、苦しまれるのです。もし生きておられたら、孝養を尽くされるでありましょうが、それもかなわぬこととて、若くして死なれたということが非常に悔やまれるのです。せっかく生まれながら、何ゆえに若くして死んでいかれたのか、死んだお母さんはどこにいかれたのであろうか、そんな思いが日に日につのります。そうして、そのことを解決したいと決心されるのです。それが釈尊の菩提心《ぼだいしん》を発《お》こされる発端《ほったん》になります。

親が死んで、人は「弔《とむら》う」といいますが、「弔う」ということは、お経をあげて追善供養をすることとおおかたの人は思っているのでありますが、これは大いに誤りです。仏教にはそのような教えはないのです。今日の仏教のありようを見ますと、ほとんどが先祖供養になっておりますが、とんでもない過ちなんです。親鸞聖人は「父母《ぶも》の孝養《きょうよう》のためとて一返にても念仏申したること、いまだ候わず」と仰せになっています。供養《くよう》のために念仏したことはないのだと、はっきり言い切っておられます。「供養の否定」をしておられます。ここが浄土真宗の違うところなんです。

では、親鸞聖人というお方は親の恩を知らない親不孝者かというと、決してそうではなく、親の恩を最もよく知っておられた方であります。私を生んでくださったご両親のおかげによって、真実の法に遇うことができた。まさしく両親は、私に真実の法に遇わしむるために、この世に出してくださった仏と仰がれたのであります。

「南無阿弥陀仏」の念仏に遇うことによって、人が人であることの自覚、人間としての生き方を明らかにする真実の法に遇うことに感涙《かんるい》された。その表れが「父母孝養のため、念仏申したことがない」と言われたのであって、親のために念仏申すことは、逆に親不孝者であるということになります。

日本仏教史上、いまだかつてない法に遇われたのであります。従来の仏教のありかたを、根本から覆《くつがえ》されたのであります。それは今日とても変わりありません。親鸞聖人の『ご和讃』のなかで、「五濁増のしるしには　この世の道俗ことごとく　外儀は仏教のすがたにて　内心外道《げどう》を帰敬せり」（正像末和讃）と仰せになっております。外観はいかにも仏教のようだが、その内容たるや仏教とはほど遠い、縁なきものだと痛烈に批判しておられます。先ほど申しましたように、仏教には厳密に言えば「供養」というようなものはありません。

また千五百年の仏教の歴史のなかで、ずいぶんと仏教の教えでないことが、いかにも仏教らしく、ひとり歩きしているものもあります。例えばその最たるものに、女性軽視があります。女人《にょにん》は仏教の器《うつわ》でないとか、女人は業《ごう》が深いとか、悪の代名詞のように言っておりますが、これは本末転倒した、真っ赤なウソでありまして、常識から考えても解るように、だれが私を生んでくれたのですか、まさかお父さんではないことは確かです。仮に、女性が「仏教の器でない」とするなら、十月十日《とつきとうか》お母さんの胎内にいて、血肉を分けていただいて育てられていたのですから、男女を問わず、女性の胎内で育てられたのですから、釈尊も同じく「仏教の器でない」ことになりはしませんか。「昇沈の差別は性に非ず心に在り」と説かれていますように、男性だから優れているのだ、女性は劣っているのだというようなことはないのだ、肝心なのは心のありかただ、と示されております。『維摩経《ゆいまぎょう》』にも、維摩居士《こじ》が男女の優劣について二十年のあいだ考えてみたが、優劣はないと述べておりますし、あの戒律に厳しい道元禅師にしても、「日本とは不思議な国だ」と男女の差別を否定されておりますし、百済《くだら》に渡り仏教徒として正式に戒律を受けて帰国した、日本で初めての僧侶は、善信尼ほか二名の女性であったのは、ご承知のことと思います。

浄土真宗とは単なる宗派の呼称ではなく、仏教そのものの総称が浄土真宗であることを認識せねばならんと思います。

このような事柄を踏まえて、十七日のご縁のなかで明らかにしてゆきたいと思っております。

（鹿児島別院〈一七日間〉初日　一九九五年五月　布教原稿）

蓮敬寺法座「仏教のイロハ」

第一章　開講に当たって

今回から連続して、「仏教のイロハ」という講題で話をしてみたいと思います。最近いろいろな宗教が氾濫《はんらん》して、どの宗教をみてもいかがわしいものばかりです。「鰯《いわし》の頭も信心から」と昔から言われているように、おおよそ、仏教とはずいぶん格差があるようです。このことは今も昔も変わりありません。むしろ現在の方が複雑で、手の込んだ巧妙で悪質な宗教が「宗教」という名のもとに、多くの善良な人々をとりかえしのつかない犯罪者にしています。オウム真理教などがそうです。オウム真理教の教祖である麻原彰晃だけでなく、現在でも逮捕されてはいませんが、麻原彰晃と同類の教祖が「宗教」を隠《かく》れ蓑《みの》にして、大手《おおで》を振って歩いております。それも国家から保護されています。いったい、日本の国はどうなっているのか、なぜこのような宗教が許されるのか、そのような事柄を明らかにしたいと思います。その原因、根っこのところを述べてみたいと思います。

こういう話は蓮敬寺の門徒さんだから話せるのであって、とても他の寺では話せない事柄なんです。このことは大事なことなんです。例えば、私たちが所属している浄土真宗本願寺派にしても、立派な先生がおられます。立派な肩書きのある学僧さんがおられますし、龍谷大学などもそうですが、本願寺の要職にある人、本願寺から禄《ろく》を戴《いただ》いている人ほど、本当のことを話さないように思います。ですが、門徒さんたちは、そのような先生の話は有難いと言います。なぜかと言いますと、その肩書きを尊敬しているからなんです。日本古来からの仏教を見てみますと、ずいぶんと肩書き支配の世界です。日本仏教史上から見て、肩書きを嫌った人に聖徳太子と伝教大師、法然上人と親鸞聖人がおられます。仏教を開顕された釈尊も何の肩書きもありませんし、釈尊ご自身も法の上では平等であり、弟子とか師匠とかの区別がありません。

肩書きにだまされるなということなんです。ですから、もうここらで、皆さんに本当のことを知っていただきたい。これから何回連続になるかも知れませんが、ともかく私が納得するところまで申しあげたいと思います。蓮敬寺の門徒さんだから言えることというのは、たとえば、浄土真宗本願寺派という宗派の名称も、親鸞聖人の「見真大師」という大師号も、実際は金で買ったんです。これにはずいぶんと親鸞聖人の仰《おお》せを裏切った、ドロドロとした醜《みにく》い経緯《けいい》があります。それを有難いと崇《あが》める僧が大半ですし、知っていてもそれを表《おもて》に出せば白い目で見られるし、本山から睨《にら》まれて出世できなくなる。長いものには巻かれろとか、触《さわ》らぬ神にたたりなし、という体制派が本願寺を支えています。

本当の親鸞聖人というのが語られていない。かえって外部の真摯《しんし》な人によって、親鸞聖人が語られています。

ですから、何もかも含めて初めから「仏教のイロハ」を私自身も勉強してみたいと思いまして、連続講座を企画しました。最近、体調も崩《くず》しまして、これだけはハッキりしておかないと、私が何のために家を捨てて蓮敬寺の住職になったのか意味がない、そういう焦《あせ》りもあります。で、私たちは同じ釜のご飯をいただく同朋なんですから、心を開いて聞いていただき、また質問もしていただければ、本当に有難いと思います。

第二章　仏教の根本理念

現在、皆さんが抱いている仏教は、ほとんどが仏教であって仏教ではないように思います。例えば『阿弥陀経』をいただきますと、「十方にましますすべての諸仏が、歓んで念仏者を護《まも》る」と誓いを建てておられます。ですから念仏者を如来が護《まも》ってくださるのだ、災《わざわ》いを除いてくださるのだ、無病息災《そくさい》で安心して生活ができるのだ、ありがたい、ありがたいと念仏申すのが普通です。弥陀の四十八ある願は、私たちにとっては結構なことばかりなんです。ところが、現実はどうでしょうか、そうじゃない事が起こります。不慮の事故死、あるいは家庭に起こる災難、人にだまされて家が破滅するなどの災いが私に襲《おそ》ってきます。あれだけ信心している人が、なぜあのような不幸にあうのか、あんなに寺に参り寺の世話をした人が、何ゆえに若くして突然死んでしまうのか、如来の「護る」という言葉はうそではないか、そんなことを言われる方《かた》があります。寺のことに尽くしたのに、「一人息子の跡とりを戦死させた。だから私は、もう寺の世話は一切したくない」と言われたこともあります。

これが普通なんです。今の宗教はみんな、私にとっては利益《りやく》第一なんです。これは健全な人なら誰しも望むことなんです。私もおなじです。今の若い人たちが新興宗教にはしるのも、信仰することによって幸福が得られる、何事も願いが叶えられるという宗教に群がるのです。誰しもこの忙しいのに、なんの利益も得られない宗教など見向きもしません。子供を連れて徘徊《はいかい》している信者も、結局は「自分の幸福」のためにやっているんです。水子《みずこ》供養の信仰も自分に災いやタタリのあるのをおそれてのことなんです。その人の弱みにつけ込んで、大層な金儲《もう》けをしている宗教もあります。

皆さんもご存知の杉本正信さんも、真言宗でこれと同じことをやっていたんです。

お金は面白いほど入った。なにしろ四国の巡礼さんの札所《ふだしょ》でもあり、尾崎放哉の終焉《しゅうえん》の寺でもありますので、観光ルートにもなっていましたから、たいへん繁昌《はんじょう》した寺の住職さんでした。先祖から続いた寺でありましたが、杉本さんは親鸞聖人の教えに遇い、寺も財産も捨て一介《いっかい》の念仏者となられたのです。一般の考えからみますと「幸福」から「苦悩」のように見えますが、杉本さんには「苦悩」ではなく、むしろ大いなる歓喜の生活だとも、「偽りの生活」から「真実の生活」への転換だとも言っておられます。

最近の社会を見ても気づくことですが、地位や名誉、財産などに絡《から》む問題が毎日の新聞紙上を賑《にぎ》わせています。いま問題になっている友部議員にしても、結局は待望の議員になったものの、今は犯罪者として監獄生活、奥さんも近くのスーパーでアルバイトしておられたのが、一変してデパートで一回に数百万の豪華な買物をするようになり、その期間はわずかですが、これから先の獄中生活やその後のことなどを考えますと、お気の毒にと思います。

官僚の汚職や事業団役員の賄賂《わいろ》などによって、折角《せっかく》の地位も財産も一瞬にして消滅し、悲惨な生活をなさっている人もあります。国会議員にしても、自分の地位確保に戦々《せん》競々《きょう》としている姿を見ると、先生といわれて威張っていても、その姿は道化者《どうけもの》に見えて哀れにさえ思います。

それらとは成りゆきに違いがあっても、杉本さんの生き方は苦難であっても、多くの全国の人々から共感を呼び喝采《かっさい》を受け、眩《まぶ》しいほどの輝かしい生活をしておられます。

親鸞聖人の仰せに、真実の法に遇うとは「ゆゑに知んぬ、円融《えんにゅう》至徳の嘉号《かごう》は悪を転じて徳を成す正智、難信金剛の信楽《しんぎょう》は疑を除き証《さとり》を獲《え》しむる真理なりと。」

真実の法に遇うことによって、自己の欺瞞《ぎまん》に目覚め、真実に転じていく、その生き方が世間から慕《した》われ、多くの人々が救われていく。杉本さんは人を救済するために寺を捨てたのではありません。自分自身の目覚めによって寺を捨てられ、残りの人生を真実に生きる生き方を目指されたのです。その姿に他の人々が感動し、自己に目覚めていくのです。「自ら信ずる姿が、他の人々をも躍動させていく」その姿こそが、「自信教人信」としての証《あか》しであり、目に見えぬ真実の働きが、明らかにハッキリと実体として見せてくださいます。

ちょっと回りくどくなりましたが、私の言いたいことは、いつか光現寺さんがお説教で言われた、「幸福教」は仏教ではないということなんです。利益《りやく》追求の宗教は、結局のところ自己の破滅になっていきます。

そこで、釈尊が明らかにされた仏教とはなにかということをたずねてみたいと思います。

（一九九八年二月　布教原稿）

はじめに

初めにお断りしておきたいことがあります。ボクは筆無精《ふでぶしょう》で、先輩や友人から便りをもらっても、返事も出さない横着者です。知識も文才もありませんし、文章を書くことにも憂《ゆう》うつで、モノを書く気にもなりません。

その無精者のボクが最近、体調を崩しまして、自分の死を自覚するようになりました。何方《どなた》もそうであろうかと思いますが、近ごろ、やたらと自分が歩いてきた過去のことが思い出されます。そうして現在のボクを眺めたときに、このまま死んでいくことが、今日までボクを育ててくださった多くの人びとに申し訳ないような気がしてなりません。

人はボクの過去のことを「波瀾万丈の人生」と、特異に見えるそうです。その評価が好意的に新聞や雑誌に紹介されていますが、ボク自身は、評価されるに値《あたい》する人間でもありません。ボクが今日に至るまで歩いてきた事柄を知っていただければ、ご理解していただけると思います。

多くの人びとにたいへんなご迷惑をかけたにも拘《かか》わらず、その数《かず》かずあるボク自身がまいてきた悪行に悔い、なんとか罪滅《つみほろ》ぼしをしたいと新興宗教に入信、宗教活動に専念しました。懸命にすればするほど、自己の矛盾《むじゅん》が見えてきて、どうすることもできない崖淵《がけぶち》にまで追い込まれ、救いを求めての信仰が救いにならず、これが宗教なのか、まことの教えは?と苦しみ、宗教遍歴を重ねてまいりました。そこで親鸞聖人の教えに出会い、やっと苦しみから解放され、救われました。

門徒の家に生まれながらもずいぶんと遠回りしてきた宗教遍歴のなかで得た結論は「宗教は人を救うに非ず」ということでした。

そうして、宗教が企業化して巧妙になり、政界との癒着《ゆちゃく》とかさまざまな弊害が、このニッポンを覆《おお》いむしばんでいます。

皆さまのお育てで今日に至ったボクの体験を多くの人びとに知っていただき、いかに宗教が枉《ま》げられ、ますます善良な人びとを苦しめているか、その元凶《げんきょう》を明らかにしたい。

そんな一念から我慢《がまん》ならず、非才を顧《かえり》みずペンを執《と》りました。迷信の覚醒《かくせい》を心から念じます。

今こそ「宗教改革」の時代の到来です。このままですと、ニッポンは駄目《だめ》になってしまいます。

罪業《ざいごう》もとよりかたちなし
妄想顚倒《てんどう》のなせるなり
心性《しんしょう》もとよりきよけれど
この世はまことのひとぞなき

（親鸞聖人和讃）

（一九九八年六月末　出版予定の本の序）

第五部　追悼

出遇い

――ご縁のままに――

新庄貞子

中央仏教学院に通信教育が開講され、広く一般の人々、特に時間的制約の範囲を超えて、家庭で〝み教えに学ぶ〟――この制度は、唯一ありがたいご縁でありました。誘《いざな》うことなく、個々に入学させていただきましたので、それだけに〝スクーリング〟以外には、一堂に会して話し合うという機会がありませんでした。通信教育生はそんな場を望んでいたと思います。勤式《ごんしき》にしても、今のような〝カセットテープ〟ではなく、〝ソノシート〟に耳を傾けたものでした。

そんなとき、〝光輪会〟と称して、大阪で通信教育生の集《つど》いが開催されていました。

その発起人が、後《のち》の劫照師であります。ご案内状をいただいても、夜の集《つど》いでは幼い子どもたちを置いての外出は無理だと思っていましたが、ある日、院主《いんじゅ》に励まされて出席させていただきました。それが丹山照《あきら》氏との出遇いでありました。集いの人々は、貴重な時間、ご講師を囲み熱心に学んでおられました。お別院のご理解とご協力のおかげでありましたが、回を重ねますと、別院の行事が入ったりで、会場に困っている現況を話されていましたので、院主に相談し、よかったら本堂を会場にと申し出ましたら、たいへん喜ばれまして、以後、会場は明教寺本堂になりました。院主と照氏との出遇いでありました。

院主との時間の許すかぎり、本をかかえて通って来られました。温厚な人柄の院主は、一言一言、さとすような話しぶりで、はじめは質問攻めの形でありましたが、いつの頃からか、静かに話に聞き入っていかれたように思います。院主が龍大の聴講を勧めまして、熱心に通っておられました。信楽教授とのお出遇いがありました。行信教校も勧めましたが、教校は残念ながら長くは続きませんでした。お世話くださった先生に、今も申し訳なく思っています。

研鑽の歳月とともに、僧侶への決意は固く、明教寺の衆徒《しゅと》を望まれました。院主も決意のほどに承諾し、やがて西山別院での習礼《しゅらい》が始まりましたが、実のところ、〃ねばならぬ派〃の丹山氏でしたので、〃気にくわぬ〃と立腹して習礼の中途で挫折されるのではないかと、少々不安（失礼！）でしたが、ありがたく無事お得度、僧侶、丹山劫照師の誕生であります。時に、昭和五十年十月十五日。

本堂にて奉告《ほうこく》法要、ご門徒みなさまにお得度披露。それより教師習礼、布教使補を経て、布教使となられた。習礼を通じ、視聴覚伝道にご活躍の、山口教区教證寺ご住職の小池俊文先生とのスライド『厚き壁』のご縁となられたのです。

布教のほうは備後教区等々出講されていたなかで、昭和五十七年春、蓮敬寺様とのご縁が調《ととの》い、結婚式に総代と仏婦の方と臨みました。法衣《ほうえ》姿の晴江坊守様と、ご法味あふれる蓮敬寺様お同行の方々にお遇いし、お念仏の土壌のぬくもりをありがたく、本当に良かったと心から思いました。

当時の蓮敬寺様のご本堂は老朽していました。その後、立派にご修復、庫裏《くり》もご新築されて、落慶法要のご縁をいただき、目《ま》のあたりの偉業に接し、住職・坊守・ご寺族のご精進は申すには及びませんが、同時に蓮敬寺ご門徒みなさまの熱意に心から敬意を表しました。それが二度目の蓮敬寺様へのお参りでした。三度目、蓮敬寺様へのお参りは、冨金原劫照師のご葬儀の日でした。

もう、あれから二十五年の歳月が流れましたが、それにしても「役僧《やくそう》発言」で、本堂は如来さまの前で号泣された劫照師。それを受けて立った、『中外日報』に掲載された院主の原稿（本書68〜71ページ所収）の言葉こそ、泣く泣く泣く筆を執った珠玉の想いこそ、今も私の胸に光り輝いています。院主の心に讃嘆を惜しみません。その住職の坊守であったことを、私は今も誇りに思っています。

晴江さま、生前、劫照師からときどきお電話があり、その都度「坊守がよくしてくれて」と、いつも感謝されておられましたよ。悲しんでおられない多忙さ、痛いほどよくわかります。住職という重責は、時には母親たりがたしということもあろうかと思いますが、貴方だから大丈夫、大丈夫。あなたの後姿《うしろ》で三人のお子さまは育ってくださいます。現に、お育てに遇っておられますもの、安心して蓮敬寺ご住職として、ご活躍、ご精進なさってください。ご新発意《しんぼち》、ご兄妹の三人のお子さまのご健勝と、お念仏ご相続、蓮敬寺ご門徒中のお念仏繁昌を念じあげます。

そこに、たしかに劫照師の還相《げんそう》の〝はたらき〟があります。

私を見ていてくださる人があり
私を照らしてくださる人があるので
私はくじけずに　こんにちを歩く
——榎本　栄一——

くじけづめです。でも、立ち上がれるのです。おぼつかない足もとです。でも、方向は定まっています。

称名

（大阪市・明教寺　前坊守）

『厚き壁』の丹山師　めでたく往生

小池俊文

丹山劫照師は、暴力団からキリスト教へ、そして創価学会に入り、折伏《しやくぶく》の鬼といわれ、多くの人びとを折伏していましたが、本願寺布教使嘉戸大恵師と対決し、お念仏のみ教えに大転換されました。この波瀾にとんだ丹山劫照師（当時四十九歳）の半生を、昭和五十二年、お念仏のスライド『厚き壁』に制作させていただき、私自身、ほんとうに有難いご縁をいただきました。

また昭和五十三年、私が教證寺住職を継職したとき、最初の法座にご講師としてお招きして「浄土真宗と私」と題して、特別法座を開かせていただきました。この特別法座によって、住職としての心がまえを学ばせていただき、意義深いスタートをさせていただいたことが、ありがたく有難く思い出されます。

こうした因縁で、このたび師の思い出を書かせていただくご縁をいただきましたが、「丹山劫照《たんざんこうしょう》」とお名前を思い出すだけで、劫照師が私のなかでいっぱいにひろがってゆきます。

丹山師との出遇いは昭和五十一年、ご本山（西本願寺）の伝道部の部屋でした。それまでにお念仏の映画、お念仏のスライドを数多く制作させていただいておりましたが、丹山師の『本願の証し』を読ませていただき、ぜひスライドで制作させていただきたいと、山口教区教化推進協議会で企画しました。そして制作担当の森昭雄師と私が、伝道部部室で待っていました。突然、入口のドアがあき、部屋全体に大きく響きわたる大声で「丹山劫照であります！」と挨拶されて、度肝《どぎも》を抜かれる思いでした。

これが、初めての出遇いでしたが、早速に、これまでたどられた道を描き、お念仏のご縁をひろめたいことのお願いをいたしました。

そのときの気持ちを丹山師は、『厚き壁』の最初に述べておられます。

「一人の人間の生きざまを、自分が告白しようとすることは、正直にいって、本当に気のすすまないことであります。そして「聞法」ということは、かけがえのない私一人の問題であって、私の人生のなかでの人にあい、法にあうという全く個人の問題であるからです。だが、あれやこれや考え、私のおそまつな体験が、皆さまの何かの助縁になればと思い、おすすめにしたがうことにいたしました」

このスライド制作で、何度も体験談を聞かせていただくばかりでなく、シナリオハンテング（取材）や撮影にも、たびたび同行していただきました。

数々の思い出がありますが、もっとも強く脳裏にやきついていることは、大阪刑務所へ出かけたときのことです。丹山師はそこに四回も服役しています。そこを訪ねると、教育部長さんが丹山師の入れられていた地下の独房まで案内してくださいました。師のことを「丹山先生、丹山先生……」と呼んでおられました。刑務所をあとにした車のなかで、「先ほど教育部長さんが〝丹山先生、丹山先生……〟と呼んでおられましたね」というと、即座に「私は少しも変っていません。みんな如来さまのおかげです」という言葉が返ってきて、私はたとえようのない大きな感動をおぼえました。二十数年前のことですが、いまだに数日前のことのように、ありがたく有難く思い出されます。

布教伝道には熱烈なるものがありました。『厚き壁』の最後の語りのなかから、その熱意をうかがうことができます。

「浄土真宗は、伝道教団といいながら、なに一つできていない。ご門徒の家をたずねてみれば、一目で分かる。お仏壇のほかに神棚があったり、お仏壇のなかにお札《ふだ》があったり、位牌《いはい》中心であったり、弘法大師や妙見さまなどがまつってあるところもある。これは一体どうしたことですか。雑草を育てたら稲は育たないことぐらいは誰でも分かるはずです。だったら、なぜ雑草を刈りとろうとしないのですか。僧侶もご門徒も、利害や我欲のみに動いている人がたいへん多く、僧侶は古いしきたりのうえにあぐらをかき、葬式や法事でお経を読むだけでよいとし、ご門徒は僧侶から、お経を読んでもらえばよいと考えている。これではお念仏は死んでいるではありませんか。〝如来大悲の恩徳は、身を粉にしても報ずべし〟といつも歌いながら、この現状をみるにつけ、私自身をふくめて本当に申し訳ないと思います。如来さまになんとおわびしてよいか分かりません」

劫照師は十七年前、縁あって島根県江津市の蓮敬寺住職（冨金原劫照）になられましたが、布教伝道は大変精力的につづけられました。最後は末期の肺ガンと診断されながらも、体の動くかぎり、布教活動をつづけられました。そして平成十年八月二十二日、お浄土へ還られました。

お通夜にも葬儀にも、時間の都合がつかずお参りできませんので、私はとりあえず、弔電を打たせていただきました。その弔電に「めでたく往生されましたこと……」と、めでたいという言葉が私の頭にうかびました。しかし、弔電披露があって、めでたいという言葉を聞いて、非常識と思われるかたもあるかと思い、とってしまいました。後日、坊守《ぼうもり》さま（丹山師の奥さま）からお便りをいただき、「めでたく往生いたしました……」とあり、ほんとうに有難くお念仏を味あわせていただきました。と同時に、めでたくをとってしまったことが、今も心残りがしています。

親鸞聖人は、明法房《みょうほうぼう》（もと山伏弁円《やまぶしべんねん》）がお浄土へ還られたとき、京都から関東の同信の人々に書きしるされたお便りに

「明法御房《おんぼう》の往生の本意遂げて在《おわ》しまし候ふこそ常陸《ひたち》国うちの此《これ》にこころざし在《おわ》します人々の御為《おんため》にめでたきことにて候へ」

「明法御房の往生のこと驚き申すべきにはあらねども返す返すうれしく候、鹿島《かしま》、行方《なめかた》、奥郡《おうぐん》、かようの往生願はせたまふ人々の皆の御よろこびにて候」

お浄土にめでたく往生された丹山劫照師は、いま衆生済度《さいど》の働きをしてくださっているのです。還相回向《げんそうえこう》の働きとして、私たちのこころのなかに、私たちの生活のなかに生きつづけてくださっているのです。ほんとうに有難いことです。もったいないことです。

南無阿弥陀仏

（山口市・教證寺　住職）

「ええ男（おとこ）」

福本憲應

葬礼の儀式をととのふべからず、野にすてて、けだものにほどこすべし。但、在家のもの、結縁《けちえん》のこころざしをいたさんをば、いろふにおよばず

時宗の開祖、一遍智真が五十一年の波瀾の生涯を閉じたのが神戸の和田岬の観音堂においてであったといいます。わたしには、諸国遍歴に明け暮れた彼の生涯と、劫照さんの一生とがダブってしまうのです。劫照さんは一貫して求道者として生きたように思います。特攻志願のときも、極道《ごくどう》のときも、学会員のときも、真宗念仏者となり、末寺住職となったときも……。ただがむしゃらに、なにかに憑《ひ》かれたひたむきな男

（おとこ）の不思議な魅力がありました。さぞかし女性にモテたであろうことは容易に想像できます。

『一遍聖絵』には「舎宅田園をなげすて、恩愛眷属《けんぞく》をはなれ」、本尊とわずかな経典を携えて諸国遊行《ゆぎょう》の旅を決意する場面がありますが、傍《かたわ》らには三人の尼僧が従っています。またその一行をじっと見送るひとりの女性とふたりの子どもがいます。

丹山劫照が富金原劫照になるべく大阪の地をあとにするとき、もしかして『聖絵』とおなじようなシーンがあったかもしれません。想像を逞《たくま》しくするほかないのですが、きっと多くの女性に慕われた、若干年齢層は高めかもしれないけれど、よおモテる、うらやましいかぎりの男でありました。

上方落語協会の現会長の露の五郎師匠がこんな話をしています。

夜の巷で、彼女たちが男の噂《うわさ》をする時の言い方が、四つおます。

「ええ男」
「すばらしい男」
「かわいい男」
「ええひと」

「ええ男」
男らしゅうて、あっさりしてて、任俠肌《にんきようはだ》で、女から見て男やったらこうでないとと思う、ロマンの香りが全身から立ちのぼって、行動に反映している男。女がため息をついて、たとえ一度でもふたりだけになってみたいと思うのがこれ!! ヤアサマが良え女つれてるわけだ!!

「すばらしい男」
おそろしいハンサム、ファショナブル、お金持ち、スポーツ万能、いずれにしても高嶺《たかね》の花。手がとどかん世界の……見ているだけの男がこれ。

「かわいい男」

年下のペット的男の子。「良え男」でも「すばらしく」もないけれど、どこか「かわいい」し、男はつらいよのフーテンの寅さんみたいな三枚目ッポイのも、この内にはいりますやろ。ともあれ浮気心の対象ではおます。

「ええひと」

「あのひと、ええひとやけどねえ……」人間的には認めるけど、男としてはイマイチ。

つまりモテル男とは、どこかしらスリルがあるんですなあ。ジャレおうてる間にかてるやないか、そんな意外性、次はどうなるかわからん、てな未知の部分、そんなところないとあきまへん。劫照さんはまさしくこのタイプだと思います。うらやましいかぎり「ええ男」なんですね。

覚如の『親鸞伝絵』に次のような一文があります。

上人夢想の告《つげ》ましましき。かの記にいはく、六角堂の救世《くせ》観音、顔容端厳《げんようたんごん》の聖僧の形を示現して、白衲《びやくのう》の袈裟を着服せしめ、広大の白蓮華に端座して、善信に告命《ごうみよう》してのたまはく、

行者宿報設女犯
我成玉女身被犯
一生之間能荘厳
臨終引導生極楽

といへり。救世菩薩、善信にのたまはく、これはこれわが誓願なり。善信この誓

願の旨趣を宣説して、一切群生《ぐんじょう》にきかしむべしと云云。

救世観音が、美しい女の身となり妻となって一生涯ともに生き、臨終のときにはあなたを導いて極楽に生まれさせてあげようというのです。島根で劫照さんはまさしく救世観音といのちを共にした。晴江さんという菩薩の化身にあたたかくつつまれ導かれて安らかにいのちを終えた、うらやましいかぎりの「ええ男」でありました。せめてここのところだけでも劫照さんにあやかりたいと思うのですが……。

なんか劫照さんがニタっと微笑《ほほえ》んで呟《つぶや》いたような気がするのです。

「おまえはムリや!」と。

(東大阪市・大乗寺　住職)

直《なお》き人

杉本正信

直《なお》き人というのは、私と池田静思さんとがうち連れて冨金原劫照師を訪れたとき、彼が呈した師への敬愛の称です。池田さんは文学畑《ばたけ》の人だけあって、流石《さすが》と思わせる形容でぴったりだと感心してしまいました。

一九八九年（H元年）五月二一日付で高野山真言宗管長宛に僧籍返上届を出し、身も心も一新して、かねて期していた得度を京都・興正寺ご門主から受式し、法名「釈正信」を賜わり、晴れて親鸞聖人の門徒の一人となることができました。同年八月二七日のことです。即日帰宅、翌二八日早朝出発、伯備線経由、山陰線下り電車に乗り換え、島根県江津市敬川町蓮敬寺に冨金原劫照師を訪ねたのです。

師のことは、華園学院で机を並べた穴吹信汎師の紹介で知った仏生山の一福仏照堂さん（蓮敬寺衆徒《しゅと》・津村顕照さんのご子息）から「創価学会から浄土真宗に帰入して、住職をしている人がいる。」と住所からお名前まで伺って、知っていたのです。

浄土真宗に帰入した私のテーマが、せっかく、寺を離れて自由の身になったこの境遇を生かし切らねばと、「信心に生きる　社会に生きる」としていて、何か手応えのあるものとの出遇いを手探りで探し求めていたのです。

チャンスは思いがけず、早く訪れました。八月二九日、島根県の三隅組《みすみそ》主催で、二葉憲香先生を講師として「天皇制と真宗」のテーマで教学研鑽《けんさん》の学習会があることを『中外日報』の記事で知っていたのです。二葉憲香先生の著書『日本仏教の課題―もう一つの文化の構築に向けて―』（毎日新聞社）を読んで、強く惹《ひ》かれていたのです。蓮敬寺のある敬川駅と二葉先生の講義がある礼光寺の三隅駅とは、直ぐ近くじゃないですか。

二葉先生の講話も聴講できるし、冨金原さんにもお目にかかれるというわけで、京都で得度式を受けて帰島した翌日ですが、勇み立って出発したのです。いま思い返すと、元気がよかったと思います。六十六歳でした。

冨金原さんと他の一般的なお坊さんとの際立《きわだ》った違いは、他の方《かた》の場合、私が元真《もと》言宗の僧侶であって浄土真宗に帰入するのだと申しても、等しく疑わしそうな顔をしてなかなか心を開いて受け入れてくれないのですが、冨金原さんはひと通り話を聞くと、「よっしゃ、わかった」と受け入れてくれたのです。

同じ関西の風土のなかで育って、フィーリングが合うというところもあったのでしょうが、次つぎと惜しみなく、貴重な資料やアドバイスをいただくことができました。一口《ひとくち》に言って、伝道に対して非常に熱心で、極めて積極的であるということです。

それに較べると、既成?のおてらさんは伝道に情熱がなく、一口に言って、消極的といってよいでしょう。

私は冨金原さんの押しかけ門徒になったのです。興正派の華園学院に学んだ関係から、前述のごとく興正寺で得度を受け、僧籍を持っているのですが、私の心底の願いは「門徒もの知らず」という言葉が大好きで、一介《いっかい》の門徒になりたくてしょうがなかったのです。他のおてらさんだったら、興正派の僧籍を持っていて、何で改めて門徒になるの、なんてぐずぐず言うでしょうけれど、そこは冨金原さん、委細かまわず「よっしゃ」と受け入れてくださったのです。

その後もずうっと交流がつづき、土曜セミナーの講師もお引き受け願い、土曜セミナー特別公開講演会では「創価学会から浄土真宗へ」というテーマで、ご出講いただいたりしました。

その折の「前科四犯ですけえの」といった言葉と「嫁さんが若いですけえ」と愛《いと》しそうにおっしゃった言葉がとても印象的で、いまも忘れられません。

その後、何十名かのご門徒の皆さんをお連れになり、聞法道場ビハーラ正信を訪ねてくださいましたので、「私も蓮敬寺さんのご門徒の一人です。お寺の事業があった時には、ご協力いたしたいので、ぜひ忘れずに一報ください」と、ごあいさつ申し上げました。

いつごろだったか、交流が始まって間もなく、島根反靖国連帯会議にお誘いを受け、直《ただ》ちに入会し、その縁もあって、真宗遺族会にも飛び込み入会し、「信心に生きる社会に生きる」を実践しているようなことです。

冨金原さんのお声がけで法要に出講させていただいたご寺院もいくつかございまして、兵庫県山崎町御名の西光寺さまとか、東広島市の長松寺さまへと出講し、それがご縁で、相生の法輪寺さまとか、法縁の輪が弘まっています。来る四月二一日は山口県美祢郡の明林寺さんの降誕会《ごうたんえ》法要に出講の予定ですが、これも冨金原師のご紹介によるものです。

早くから声をかけていただいていた蓮敬寺での法話は、昨年（一九九八）二月八日に実現しました。午前中は浜田組仏壮研修会で、午後は浜田組社会部の主催で、テーマは「浄土真宗門徒の在り方」で、参加した私ども在家仏教『本願海』の一行は、池田静思・白砂一彦・吉尾国香・佐々木寿の面々《めん》で、冨金原さんとは、これが最後となりました。

このときのことを詠んだ白砂一彦さんの句を左記して、稿を終えたいと思います。

蓮敬寺に劫照師を尋ねたときに

（一九九八年二月）　しぐれ彦

値遇い難き僧を尋ねて春嵐

春早し今年は死ぬよと癌の僧

聞法すわが身ひとつの春砂嵐

劫照師を偲ぶ

（一九九九年三月）

大悲無倦癌僧笑う春砂嵐

ふりむけど白道おぼろあの砂嵐

難中之難やすく往かれて葉月尽

（香川県小豆島・在家仏教『本願海』　会長）

丹山さんの〝正しさ〟

川本義昭

「川本さァーん」

玄関のほうで大きな声。誰だろうと出てみると、なんとそこにはあの丹山さんが、法衣姿で立っているではないか。

「わしな、こんど敬川の蓮敬寺に入ることになりましたんや。川本さん、これからよろしくたのむわ」

「ええッ、そうだったんですか」。驚きはたちまち嬉しさにかわった。飛び上りたくなるような気持であった。

それはかえりみて一九八二年。たぶん四月の、どんよりと花曇りの日であった。丹山さんとの、爾来《じらい》「一六年」の始めである。

戦時は特攻志願、戦後は極道《ごくどう》、そして創価学会の「折伏《しゃくぶく》の鬼」。それが一転真宗僧侶へという丹山さんの破天荒な経歴はつとに有名であったが、ぼくはすでに「教団改革をすすめる会」で丹山さんとは面識があり、そのことでお互いに〝同志〟を意識していた。

入寺されてほどなく結成された反靖国連帯会議、島根反靖国双方に、むろん丹山さんは率先して参会され、世話人となられた。氏の寺は以来ずっと島根反靖国諸活動の事務局・会処《えしょ》であり、運動の拠点であった。氏と同じくオープンで、若くチャーミングな奥様のご理解とご尽力あってのこと、もとよりいうまでもない。

丹山さんは「床《ゆか》は抜けとるし、猫の死体はころがっとるし、白蟻《しろあり》はおるし。そんで、よし、ここに入ったろう、僕一代かけてこの道場を立派にしてやろうと思うたんです」（『宗教時代』）と語っているが、その実践力は一代どころかわずか二、三年で目的をなしとげた。本堂は美しい銀黒色の雄姿となり、ひろまった寺地に見事な庫裏《くり》が新築された。整ったこの〝道場〟を中心にくり出す丹山さんの伝道活動は水をえた魚、休むことを知らなかった。

「遠慮はいらん、（靖国問題を）思いっ切り言うてくれ」。お説教に上ったときの、これが丹山さんの決まり文句だった。

〝実践の人〟丹山さんは、「妙好人の地」という期待が大きかった分だけ、神仏習合＝神道化した石見真宗の現実がかなしかったにちがいない。歯に衣着《きぬき》せず河内弁《かわちべん》でまくしたてる丹山さんに、門徒衆は当初さぞかしとまどったであろう。丹山さんはしかし、教団の衰頽《すいたい》を決して門徒のせいにはしなかった。かならず住職・教団指導層の責任としてこれを指弾した。そのときいつも自分への反省の弁がともなった。その子供のような率直さは、ぼくにはしばしば感動的であった。門徒衆は、叱られながらも、実直で裏のないこの住職を信頼し、大きく支えてこられた。

外連味《けれんみ》のないまっすぐな人柄は、口はどんなに悪くとも暖い。辛辣《しんらつ》でもカラッとした丹山さんの口吻は、その場に独特のユーモアをかもした。

靖国問題を公言することのシンドさを、氏はいつしか身についた石見弁《いわみべん》でこう見事に！一蹴《いっしゅう》したことがある。「反靖国がシンドイたって、わしなんか見んさいや。前科者、前科者と、どんだけいわれてきたか」。「それにくらべたら反靖国くらい」というのが丹山さんの主張であった。

そういえばこんなこともあった。都会地の僧侶の贅沢《ぜいたく》ぶりを憤慨し、大阪の法友たちにこう語ったという。「島根にはな、（クルマに）ガムテープ貼って頑張っとるのがおるんやで」。このガムテープ云々は、じつはぼくのことである（ただし、いまは新車にてテープはない）。

人は、死別したあとであらためてその人に会う、という辛《つら》い体験を何度かする。申しわけないことだが、ぼくは丹山さんとそんな〝会い方〟を（ということは〝別れ方〟を）してしまった。

丹山さんには『本願の証《あか》し』（一九七六年本願寺出版部刊、本書所収）という本がある。唯一の著書だが、ぼくはこれを、氏が浄土の人となられてから読んだのである。くり返し読みながら、ぼくは丹山さんを、丹山さんの「しんじつ」を、まのあたり確信したのだ。

それはさしづめ、つぎの二点においてである。まずその一つ。

「私が門徒の人と接していますと、『念仏を頂戴してはいるが、お粗末な私などは、とても人にお話するようなことはできません』ということをよく耳にします。そしてお念仏することが〝報謝〟であるといいます。（中略）はたしてそれだけでよいのかという疑問が残らざるをえないのであります」

丹山さんに脈打つ信仰は、〝こうではいけない、かくあるべし〟という、自己否定と当為の緊張の上に立つものだった。その意味で自律性を内にもって、自己と状況に対決するものだった。

当然ながらその丹山さんがしばしば強く否定されたのが、〝そうはいっても、できぬのが凡夫よ〟、〝凡夫のつくるシャバ、戦争も差別も、しょせんなくなるわけがない〟、という周知の言い方である。つまり「凡夫」を姑息な自己保身、現実肯定に使う、宗門にひろく根づいている立場である。丹山さんはこれを、「まさに邪見《じゃけん》というべき横着者《おうちゃくもの》のいうことであります」と厳しく否定している。

これは〝正しい〟か。正しい、絶対的に正しいとぼくは思う。

〝正しさ〟はもう一つある。

「後生《ごしょう》の一大事《いちだいじ》とは死後の来世をいわれたのではなく、〝出ずる息、入る息をまたぬ〟一瞬一瞬の間をいわれたのであります」

丹山さんは「後生の一大事」を、死後の来世ではないといわれる。もしこれが蓮如をめぐる議論の上での発言なら、少なくともぼくはまっこうから対立する。『御文章』の「後生の一大事」が死後であることは、ぼくには明々白々の自明事であるからだ。

しかしぼくは、ハッと気づいたのだ。丹山さんは右の文章で、目的々に蓮如を論じたのではなかったのだと。丹山さんは自分の信仰と信念を、単刀直入に、こうだと断じたのである。真宗は死後ではない、現世《げんぜ》が問題なのだ。かけがえのない、一度きりの人生こそ、無上の大事なのだと。

そのかぎり、これはまったく〝正しい〟といわねばならない。

この二つの〝正しさ〟において、丹山さんは、蓮如を論ぜずして蓮如を完全にこえていた。あらためてそう思うのである。なぜなら、信のうえの実践を「念仏すること」だけにせばめ、モチーフを現生《げんしょう》から死後、すなわち「後生《ごしょう》」に転化・変質せしめた張本人《ちょうほんにん》こそ、ほかならぬ蓮如であったからだ。

にもかかわらず、である。丹山さんは、なぜか蓮如を一度も否定しなかった。そういえば、学習会の白熱した蓮如論義の場でも、たえず一線を保っておられた気がする。

「わし、こんどは蓮如さんの銅像建《た》てようと思うとる」と語られたのは、鐘楼が完成したときだった。ぼくはすぐ「親鸞聖人にしたらどうですか」と口をはさんだが、丹山さんは笑っただけだった。ぼくも笑った。

けれど、丹山さんの笑いの裡《うら》には、何があったのだろう。

それは〝大阪人ゆえの蓮如びいき〟ではすまない何かであった。少なくとも丹山さんに蓮如教学の信奉はなかった。これはたしかだ。であれば蓮如への思いは、教学ではなく、むしろ時代に翻弄《ほんろう》されつつ悪戦する、人間への共感であったのではなかろうか。不遇な出自《しゅつじ》から宗門再興の夢を下剋上《げこくじょう》のなかに生きた蓮如の、それは強さ・弱さをふくめた人間への、いいうべくんば、つよい愛であったように思えてならない。

修学時代、氏は宗学＝「安心論題」の講義を二日で投げ出したときいたが（おお何たる〝正しさ〟）、歴史と人間を等閑に付した形而上学《けいじじょうがく》への氏の嫌悪《けんお》は、ほとんど動物的なものだった。丹山さんは教学の是非を、論理ではなく人間において見ようとした。いかなる人も〝宿業〟において「ただ同じことなり」。丹山さんの深くやさしい人間観は、生育史からの体験で培われたこれであったにちがいない。「竹下登というボンクラがおる」と説法獅子吼《ししく》して同行《どうぎょう》を仰天させた丹山さんは、そのじつ、ときに滑稽なまでに配慮のゆきとどくナイーブな心性の持ち主であり、知に増して情の人だったことを、ぼくたちは知っている。

いつだったろう、反靖国の大事を、丹山さんは自分に言い聞かせるように、こう述べたことがある。

「子供の将来のために、いま、やっとかんとな」

それ自体よくきく月並みな言いかただが、丹山さんがこう語ったとき、その一言はただならぬリアリティをおびていた。

ここに丹山さんの「しんじつ」が彷彿《ほうふつ》としている。軍国少年時からの丹山さんの全人生がこの一言に凝縮《ぎょうしゅく》されているようで、氏を想うたび、ぼくは切なさを押さえがたいのである。

（島根県益田市・西楽寺　住職）

この道や

——冨金原劫照師を偲ぶ——

菅　和順

去る八月二十四日九時、蓮敬寺（江津市敬川町）のお内仏で、住職冨金原劫照師の出棺勤行《しゅっかんごんぎょう》をお勤めしたあと、棺を本堂外陣《げじん》に移した。棺を前にして、会葬の方々と一緒にしばらくの間、河内《かわち》音頭に聞き入った。河内生まれの劫照師が、「僕が死んだら、河内音頭でにぎやかに送ってくれ」と晩年よく言っておられたからだが、にぎやかなはずの河内音頭は、哀調をおびていて何とももの悲しく聞こえた。河内音頭の静かに流れる中、劫照師は十六年余り前に入って来られた蓮敬寺の本堂から、棺とともに出て行かれた。

劫照師は、昨年の春ごろから肺癌《はいがん》を患《わずら》っておられたが、盆前の八月十二日に、呼吸困難のため江津市の済生会病院に入院され、二十二日早朝、七十一年の波瀾に満ちた生涯を終えられた。

二十一日の夕刻、坊守《ぼうもり》さんから「ご院家《いんげ》が、光現寺さんに話したいことがあるので来てもらいたいと言っております。」という電話があり、私はすぐに病院へ車を走らせた。三階の病室のドアには面会謝絶と貼紙されていた。入口で手を消毒してマスクをかけ、靴をはきかえて病室に入ってみると、劫照師は酸素マスクをはめてかなり難儀そうな様子であった。差し出された大きな左手を握りながら話しかけたが、いつもの笑顔は消え、返ってくる言葉も小さくてとても聞きとれない。しばらくして、やせた胸の上に左手をひろげて置き、少し不自由な右手をひろげて合わせ、酸素マスクのついた頭をわずかに起こして寝たままで御礼をされた。

私は突然のことで面くらってしまい、「蓮敬寺さんから御礼を言ってもらうような私じゃあありません。それは全く反対です。私の方こそ御礼を言わなきゃあなりません。お世話になりました。有難うございました。蓮敬寺さん、坊守さんにも出会えたし、本当にいい人生でしたね。」と言うのがやっとだった。それから劫照師の細い足をさすっていたら、左手の人差指でドアの方を指差されたが、何の意味か分からない。何度か同じ動作をされるうちに、「もう帰ってください」という合図だったと気がつき、明朝早くまた面会に来るつもりでおいとました。その後まもなくして昏睡《こんすい》状態に入られたと、あとで坊守さんから聞いた。

劫照師がその生涯を閉じられるにあたって、ベッドの上で苦しい中、合掌して御礼を言われたのは、いったい誰に対してだったのか、私は病院からの帰り道、車の中でひとり考えた。私ひとりが病院へ呼び出されたが、無論そのときの御礼は私ひとりに対してではなくて、有縁《うえん》のすべての方々に対しての御礼であったはずだ。しかしそれだけではなく、自らの人生に対しても最後にどうしても御礼を言わずにはおられなかったに違いないと、私は強く思った。

冨金原劫照（丹山照《あきら》）師の生涯は、知る人ぞ知る、文字通り波瀾万丈であった。一九二八年大阪府八尾市に生まれられた。長野の陸軍飛行学校松本分教所を脱走した罪で刑務所入り、一九四五年の敗戦時には家族全員を失って天涯孤独の身、十八～三十一歳の十三年間は任侠《にんきょう》の世界、足を洗って半年キリスト教の教会通い、創価学会に入信し「折伏《しゃくぶく》の鬼」として活躍、一九六九年『創価学会は仏教にあらず』（一九六八年刊）を著した嘉戸大恵師（江津市波積町浄妙寺）と西本願寺での対論、奈良の大慈林僧伽《さんが》の会で二年間修学、その後龍谷大学で聴講、一九七五年得度（東淀川区明教寺衆徒《しゅと》）、一九七六年『本願の証し』を本願寺出版部より刊行、一九七九年西本願寺の教師教修講師や連研中央講師、一九八二年蓮敬寺に入寺し結婚、一九八七年住職就任、門戸を閉ざし人影の見えないさびさびとしていた蓮敬寺を聞法の道場として見事に甦《よみがえ》らされた。（劫照師の半生については前掲の『本願の証し』、『同朋一九八四年六月号』・「他力の教えに立つ」東本願寺刊、米山義男編『宗教時代』・「まわり道」一九八八年晶文社刊、『中国新聞一九九八年三月三、十、十七日号』・「教えを伝えて⑳㉑㉒」などで自ら語っておられる。）

今も私の耳の底に留まっている劫照師の言葉がある。――「僕のことを、創価学会から真宗に変わった異色の僧侶と人は言うけれど、僕は別に真宗に変わったわけではなく、もともと真宗だったのだ。真宗を出て回り道の果てに真宗に帰っただけなんだ。真宗というのは宗派の一つではなく、仏教の本来・人間の本来のことなんだ。僕はその本来に帰り本来の道に立っただけだ。」、「今思えば、遠回りをして歩いて来たことが、一つもマイナスではなくて全部プラスとなって僕を育ててくれた。これもみんな如来のお手回しだった。」

劫照師は、その波瀾の人生が単なる波瀾に終らずに、本願が唯一の真実であることを証明した、「本願のまことの〝証し〟」としての人生であったと深くうなずかれたとき、自らの人生に対して御礼を言わずにはおられなかったのだ。そして、自らの人生を「本願の証し」という超越的意義をもつ人生として光り輝かせてくださった如来のお手回しのご苦労に対しても、かたじけないと頭を下げられたのだと私は思う。

一九八四年七月、朝枝実彬師（浜田市国分町金蔵寺）が反靖国連帯会議を結成さ

れ、それに連動してその年の十二月に、島根の有志が蓮敬寺に集い、島根反靖国連帯会議（島根反靖連）を発足させた。以来ずっと、劫照師に事務局の労をとっていただいた。実彬師の短冊《たんざく》が、蓮敬寺の講師間《ま》の柱に今でも掛けられている。「この道やたふれふすともあみたあゆすの　いのちのうちに生ける身なれば」、私に先立って無量寿（アミターユス）の世界に目覚めて生きた人たちの歴史に、遇いがたくして今遇うことを得た感動と喜び、その歴史に遇い得たものの責任と使命が、この歌の底を流れている。

僕のようなものも、小豆島の杉本正信さんも、倒れ伏しても悔いることのない「この道」に遇うことができた。ここに道あり！　あなたも「この道」を信じ、「この道」に立って生きて往け！――という劫照師の太くて大きな発遣《はっけん》の声が聞こえてくる。

（島根県浜田市・光現寺　住職）

〈後記〉

流れ星のごとく

池田静思

一九九七年の正月早々であった。劫照師から電話で「池田さん、本、出したいんや。編集、頼むわ。題名は〝迷信列島ニッポン〟、序文は信楽さんに頼んである」。有無《うむ》を言わさぬ勢いで伝わってくる。「書いてください、わかりました。」と応じる。

そのまま月日は流れた。ところが、〝癌《がん》〟である。何度か催促はしたが、蓮敬寺を訪ねても強く督励するに忍びず、旧稿に手を加えながら、と申しあげてみたときも、「むかしのものは、みな捨てた。何もかも初めから書くんや。あっち向いても、こっち向いても、いま思っとること、言いたいこと、山ほどあるんや。」と言われるものの、ちっとも筆は進まないのである。講演を次々に申し込まれ、断わり切れないからだ。あれこれ万端ととのえて、ワープロに向かい書き始められたのが、聞けば逝《ゆ》かれる二カ月ほど前のこと、「はじめに」（本書一七六ページ）だけ書かれ、これが絶筆となってしまった。

結局のところ、山ほど旧稿はあった。山ほどの言いたいことを、そのなかから選《え》り出すほかになかった。さいわい、すぐ近くの菅和順さん、川本義昭さん、それに坊守・冨金原晴江さんを相談スタッフに、何度も編集会議をもち、適切なご助言・ご協力をいただき、次第に形が見えてきた。

著者名をどうするか、最初の問題であった。あれこれ検討したが、本人がかねてから〝丹山劫照〟の名を大切にされていたことなど、晴江さんから聞き、逆に「では、それでもよいですか」と問い返したりして、決着した。

書名についても、著者の意としてはすでにあったわけである。だが原稿は序文一つであり、今になっては新たに考えるしかなかった。劫照師の命日八月二十二日の、一周会《いっしゅうえ》法要を記念しての発刊であり、『如来の遺弟《ゆいてい》よ悲泣《ひきゅう》せよ』とか『大悲無倦』など話にのぼったが、『慈光はるか』に落着した。

それにしても今回の収録に漏れた、あの山ほどの原稿のことが何とも気になる。布教原稿・布教資料・寺報類、そのほかに発表原稿、書評、ノート、覚え書き等々、それら旧稿を前に、よくも勉強され、準備されたものと感心するばかりであった。まだワープロ機器のなかに眠っているものもあるとのことである。

丹山劫照師、生まれは一九二八年、亡くなられたのが一九九八年、まる七〇年の生涯である。世界の、いわゆる〝激動の二十世紀〟にすっぽりとはまり込み、日本はと言えば、かのニホン資本主義が内にも外にも膨脹してゆき、やがて破局に到る時代、昏迷《こんめい》と再興、安定から飽食の時代を経て、今日の世紀末的閉塞《へいそく》状況——そうした疾風怒濤《しっぷうどとう》の狂奔《きょうほん》に身をさらして生き抜かれた。
一千万人もの多種多様な人生を濃縮すれば、こんな一人の人物像も不可能ではなかろうが、この世紀の苦悩をわが身に置いて、楽への解放を願い、一人《いちにん》の身にひたすら結実された、まことにみごとな生涯を歩まれた。

そうした人間は、どこからやってきたのか。永劫《ようごう》の時空のかなたより飛来する流れ星を、ふと思い起こすのである。わずか数秒のあいだ、微《かす》かに明るく光《こう》芒《ぼう》を放って、消えてゆくあの流れ星を。——太陽系内の、遥か小惑星群の小さな石屑《いしくず》・小石ごときが、ふとさ迷い出て、宇宙のエーテルのなかを永い旅路の果てに、この地球の引力圏に引き寄せられ、大気圏に突入し高熱を発し、激しく摩滅《まめつ》し粉《こな》ごなに砕け散る、その輝きの曳航《えいこう》をである。
そのあとはどうなってゆくのか。一つの流れ星は、幾千万個の極小の粒子《りゅうし》となって、虚空《こくう》を浮遊しつつ、やがて地球に落下する。一個体は一メートルの一、〇〇万分の三〇の大きさ、即ち三〇ミクロン（一ミリの一〇〇分の三）くらいの直径の、まん丸の円球である。地球全体に降りそそぐ一日の総重量は、五トンにもなると推計されている。ちなみに、その構成物質は、ほとんど鉄・マンガン・ニッケルであると化学分析されている。

その事実は、どのように確かめられるのか。私は高校生のころ、偶《たま》たま新聞でその「流星塵《じん》」のことを知り、天文部の仲間三人で、書かれてある通りの方法で調べてみた。透明なガラス片《へん》にワセリンを塗り、二昼夜ほど屋上に放置しておく。そのガラス片のプレパラートを作り、三〇〇倍率かけて顕微鏡で隅《すみ》から隅まで丹念に探せば、大つぶの黒い真円形のものが見つかる。空中を漂《ただよ》っている「地上のちり」は、もちろんガサガサのトゲトゲで不定形なのに、宇宙からやって来たそれは、どれも真珠のように真円球で、黒く光っている。まぎれもなく見分けられるのだ。長い検索《けんさく》のすえ発見した、そのときのさわやかな喜びはひとしおであった。

日がとっぷりと暮れ、月もない闇に包まれて、星くずのかがやく夜空を見上げる人にのみ与えられる、えも言われぬ驚きである。その流れ星をながめる感懐もさることながら、この微粒の〝宇宙塵《うちゅうじん》〟となって、夜昼となく、海山となく、田舎人《いなかびと》にも都会人にも一切《いっさい》のもののうえに降りそそいでいることに、深く思いをいたすのである。

劫照師は二十世紀の暗闇《くらやみ》に突如として出現した流れ星のごとく、天《あま》かけてゆかれた。今その小さな、小さな破片《かけら》が蓮敬寺の庭ばかりでなく、到るところふっている。

夕方になると、劫照さんは近くの石見《いわみ》海岸によくドライブに出かけられた。いつも晴江さんを助手席に同伴して、夕陽の沈む光景を眺めては、あれこれと語り合う一刻《ひととき》を楽しまれたと聞く。

蓮敬寺の門徒・湯浅康治さんは、地元にあって折りおりの風景を撮りつづけておられる。劫照さんのこよなく愛された夕景色でもって、追悼集『慈光はるか』の表紙を美しく荘厳《しょうごん》し、お浄土の劫照師にお届けする願いを、喜んでご承諾くださった。うれしいことであった。また益田市の大畑了子さんは、すすんで校正を手伝ってくださった。ありがたいことであった。

末筆になりましたが、永田文昌堂の永田昌三様はじめ、出版に携わってくださった方《かた》がたに深く感謝申し上げます。また、追悼文のご執筆者はもちろん、転載をご快諾くださった関係の皆様にも厚く御礼申し上げます。

願わくは、劫照師の思念《おもい》を思い起こすよすがとして、この書が多くの人びとの目にとまり、その胸奥に灯《あか》りを点ぜんことを。

南无、合掌

（福山市・在家門徒）

十七年の歳月

冨金原晴江

事務所に坐っていると、奥の方から「オーイお母さん、コーヒー！」という声が聞こえたような気がして、ハッとすることがあります。

おもしろいこと言って、よく笑わせてくれました。大阪弁と石見弁《いわみべん》がちゃんぽんになった独得の話術は、いくら聞いてもあきのこないものでした。

ある本に「仏法を語る人は多いが、仏法で語る人はまれだ」と書いてありました。まさしく院家《いんげ》は、そのまれな人だったと思うのです。自分の身体《からだ》全体で仏法を会得《えとく》し語っていました。だから多くの人たちが、共鳴されたのではないでしょうか。
真宗の家に生まれ、真宗のなかでしか生きてこなかった私が、本当の真宗に遇いえたのは、院家のおかげです。もし院家に遇うことがなかったら、きっといい、いい、にせもののままで一生を終えることになったのではないかと思います。

大阪生まれ、大阪育ちの院家は、山陰の片田舎《かたいなか》のボロボロ寺に入寺して以来ずっと、工事、工事の連続でした。ひとつがよくなると次を、それができたらまた次と……「借金が生き甲斐《がい》だ」と……。再建のために入寺したようなものでした。

晩年、よく本堂のまんなかに坐って、「よーやったよなー」と感慨深そうに言っていました。大阪の明教寺さんに居たころは、「如来さん、頑張《がんば》んなはれや」と、大きな声で言っていたとか……。

七十一年の生涯の、たった十七年間でしたが、天涯孤独だった人に家族ができて、薄皮が少しずつはがれてきたのでしょうか、ずいぶん、やわらかくなったものです。

本が好きで、深夜まで読んでいました。感動したり、感銘を受けたら、かならず私に聞かせてくれました。そして「お前も読んでみろ」と渡すのです。私の頭の上には、いつもそういう本が何冊か積んでありました。

病床で苦しい息のなか、「お母ちゃん、もうアカンわ」――耳の底に残る最後の言葉でした。息が切れるまで、あれもしよう、これもしようと夢を語っていた、そのなかの一つが〝迷信列島ニッポン〟という題名で本を出すことでした。パソコンやプリンター、たくさんの原稿用紙まで揃《そろ》え、「はじめに」の文章だけ打って、容体《ようだい》が悪くなってしまいました。きっと、それができないから「もうアカン」と言ったんだろう、と今では思うのです。

本を出すことになって、院家のこと、何も知らなかったことに気づきました。

でもそんなこと、どうでもいいのです。劫照という如来さまのお使いに遇わせていただき、共に生活させていただき、たくさんの方々にお出会いさせていただいたのですから。

西楽寺の川本義昭さん、光現寺の菅和順さん、そして福山市の池田静思さんほか、多くの人びとのお力添えを得て、念願の本を発刊することができますこと、本当に嬉しく、ありがたいことです。信楽峻麿先生をはじめ、原稿をお寄せいただいた諸先生はもちろん、お育てをいただいた皆さま方に、厚く御礼申し上げます。ありがとうございました。

合　掌

一九九九年　八月

（江津市・蓮敬寺　住職）

罪業《ざいごう》もとよりかたちなし
妄想顛倒《もうそうてんどう》のなせるなり
心性《しんしょう》もとよりきよけれど
この世はまことのひとぞなき

（親鸞『正像末和讃』）

〈著者紹介〉
丹山　劫照（たんざん　こうしょう）
1928年6月　大阪・八尾市に生まれる。
1975年10月　得度（大阪・明教寺　衆徒）
1982年4月　江津市・蓮敬寺に入寺。
冨金原晴江と結婚。
1987年3月　蓮敬寺第14世住職に就任。
1998年8月　逝去（71歳）

慈光はるか

1999年8月22日　初版　発行
1999年11月5日　2版　発行

著　者　丹　山　劫　照

発行者　永　田　文　雄

編集者　冨金原　晴　江
〒699-3162
島根県江津市敬川町1754　蓮敬寺
TEL　0855—53—2797
FAX　0855—53—4334

発行所　永　田　文　昌　堂
〒600-8342
京都市下京区花屋町西洞院西入
TEL　075—371—6651
FAX　075—351—9031
振　替　01020—4—936

印刷　㈱図書印刷　同朋舎　ISBN4-8162-6142-7　C1015

噫
末法にして仏道を悲しむ

釋 劫起